L'art et la manière
d'intervenir en entreprise

Éditions d'Organisation
1, rue Thénard
75240 Paris Cedex 05
www.editions-organisation.com

© Éditions d'Organisation, 2004
ISBN : 2-7081-3055-2

Michel Crunenberg

L'art et la manière d'intervenir en entreprise

Préface d'Isabelle Orgogozo

Éditions
d'Organisation

À Paul

REMERCIEMENTS

Si mes remerciements ne s'adressaient qu'à ceux qui ont été présents, je ferais preuve de maladresse et d'incohérence. Ce serait en effet faire fi de tout ce qui a précédé l'idée même de ce projet d'écriture.

En effet, ce livre est une forme d'aboutissement, le fruit d'une démarche, d'un parcours qui n'aurait jamais été possible sans les ressources de mon entourage proche.

Le dispositif humain qui m'a permis de mener ce projet à bien s'est mis en place très progressivement, presque sans que je m'en rende compte de sorte que la réalisation de ce livre m'est apparue comme une évidence.

Le rôle le plus important fut, est et sera celui joué par ma famille.

Mon épouse y occupe la place centrale. Mon père toujours disponible, près à tous les débats d'idées, constitue un interlocuteur hors du commun. Mes deux enfants Gaëlle et

Boris, complètent ce noyau soudé et fort que ma mère a quitté trop tôt.

Mes remerciements s'adressent ensuite à deux amis, l'un de toujours, l'autre voisin, Monsieur Jacques L'Heureux et Monsieur Jean-Pierre Mailleux, à ma collègue Madame Christiane De Pasqua et à Monsieur Robert Remouchamps qui furent et demeurent des interlocuteurs lucides et soutenants.

Les autres sont celles et ceux qui, peut-être à leur insu, de très près ou de beaucoup plus loin m'ont fait confiance à titre personnel et/ou professionnel. Il s'agit de Monsieur François Burhin, Madame Annie Cornet, Monsieur Jean-Louis Dethier, Monsieur Sieghi Hirsch, Madame Marie-Claude Lacroix, Monsieur Yves Mathieu, Monsieur André Niemegeers, Monsieur Georges Nizard, Monsieur Pierre de Saint Georges et Monsieur Luc Saubain.

PRÉFACE

Dans l'esprit de l'auteur de ces lignes, une préface n'a pas pour rôle de résumer l'ouvrage dont il est question, ni d'ailleurs d'en vanter les incomparables mérites, mais plutôt d'offrir à un tiers, supposé compétent sur le sujet, un espace où évoquer des résonances entre l'ouvrage et ceux qui l'ont précédé dans le même domaine.

Ainsi on insistera sur l'écho profond qu'a éveillé en moi la partie consacrée au niveau analogique dans la gestion des processus d'intervention. Comme le rappelle l'auteur, le langage analogique est celui de l'expression du visage ou du corps, qui peut renforcer ou contredire ce que disent les mots, mais pas seulement. C'est aussi, l'allure des bâtiments, la disposition des locaux, la gestion du temps et les mille choses qui disent, bien mieux que les mots, le cas que l'on fait des personnes avec lesquelles ou pour lesquelles on travaille. Qui ne s'est pas senti troublé par des halls d'accueil mirobolants derrière lesquels on découvre les locaux minables où travaille le personnel ? Qui ne s'irrite pas du prospectus glorifiant les démarches qualité d'une entreprise où les visiteurs piétinent devant une hôtesse d'accueil standardiste et responsable du courrier ne sachant plus où donner de la tête ?

Donc le soin que Michel Crunenberg apporte à la mise en cohérence entre son attitude et la conduite de son intervention nous aide à saisir un point essentiel de l'intervention systémique, auprès des familles comme des entreprises. Les systèmes souffrent des discordances entre les buts qu'ils poursuivent, les modes d'organisation censés les aider à atteindre ces buts, les relations qu'entretiennent les différentes parties et/ou personnes censées poursuivre le même but. L'accord, au sens musical du mot, que peut introduire le consultant dans la cacophonie du système demandeur de l'intervention dépend de la façon dont son « dire » et son « faire » sont eux-mêmes accordés, dont les principes annoncés et la gestion des aléas de l'intervention démontrent la cohérence.

Là se trouve la pierre angulaire de la confiance à construire pour que l'intervention permette de passer d'un état du système à un autre, vers un mieux. Mais cet accord n'est jamais acquis une fois pour toutes ; il exige, pour se maintenir, que l'intervenant se maintienne en éveil, sensible à ce qui se joue, se dénoue ou surgit, afin d'ajuster le ton et l'action au mouvement du système qui ne cesse de se transformer.

L'intervention dans les affaires des autres, pour leur être utile, suppose plusieurs conditions. La première, qui semble être l'objet du livre renvoie aux méthodes de travail et aux outils : les questions à se poser, le repérage des acteurs influant le système, l'évaluation pas à pas des changements qui s'opèrent… La seconde touche à l'être de celui qui utilise la méthode. L'auteur semble n'en parler jamais alors qu'il ne parle que de cela. Comment être pour agir avec pertinence ?

Parlant d'outils, Michel Crunenberg nous fait comprendre à travers la description minutieuse de la préparation de l'intervention, de l'exploration des attentes formulées, de l'explicitation des règles qui seront appliquées, que la clairvoyance de l'intervenant quant à son rôle, la rigueur dans les engagements pris, la présence à ce qui se manifeste, sans panique ni passion, ainsi que l'attention portée à ce qu'expriment les participants, constituent les clés du succès de l'action.

Ce livre ressemble à une partition musicale : des notes sur une portée, des motifs qui se répondent et se transforment et une mélodie qui surgit de la lecture, celle de l'échange entre humains qui s'accordent pour construire quelque chose ensemble. L'intervention systémique y apparaît bien pour ce qu'elle est, une danse d'autant plus jubilatoire qu'elle s'appuie sur des pas et des rythmes codés et sur la grâce de la mélodie et de l'instant.

Isabelle ORGOGOZO
Auteur de *L'entreprise communicante ;
des châteaux forts aux cloisons mobiles,*
Éditions d'Organisation, Paris, 1998.

AVANT-PROPOS

Nombreux sont ceux qui, de leur propre initiative ou parce que sollicités, offrent leur aide aux autres. Venant de l'extérieur, ces intervenants aux diverses compétences, s'immiscent dans un système humain afin d'y réaliser un certain travail. Il peut s'agir d'un consultant, d'un coach, d'un formateur, d'un superviseur, d'un travailleur social, etc. Ce « conseiller » va ainsi venir occuper une place, une position originale au sein d'une organisation, d'une institution, d'une équipe, d'une famille.

Intervenir, c'est *venir entre*. Mais, entre qui, entre quoi, à quel moment, pour qui, pour quoi, pourquoi, autant de questions auxquelles ce livre tente de répondre afin d'augmenter le confort de l'intervenant et d'accroître son efficacité dans l'action.

Ce dernier en effet, bien que jouissant de cette position extérieure qui lui confère une capacité d'analyse, voire une « puissance de feu » hors du commun, se doit de la manier avec circonspection. Les bonnes idées ne lui manquent certes pas, mais force est de constater qu'à de nombreuses occasions, l'intervenant est gagné par la perplexité, l'incompréhension, la confusion parfois, souvent le questionnement.

L'intervention est un véritable métier complexe qui nécessite, outre des savoirs et des savoir-faire sophistiqués, des outils, des balises qui aident à mieux comprendre quel jeu on joue. Ceux-ci vont permettre une articulation originale entre les ressources propres au système et celles apportées par l'intervenant extérieur.

De son côté, le client au sens large (consommateur d'aide ou de prestations intellectuelles), sera sans doute intéressé de découvrir une modélisation de l'intervention qui tient étroitement compte de ses mécanismes de régulation, installe une dynamique de collaboration singulière et amplifie ses capacités d'évolution.

À vocation essentiellement pratique, ce livre est ponctué de très nombreux exemples d'intervention aidant à identifier les paramètres qui fondent la gestion du processus d'intervention. Cette gestion consiste dans la maîtrise du dispositif qui entoure la prestation technique proprement dite (la formation, le conseil, la thérapie, l'aide éducative, la supervision, le coaching…).

Divisé en trois parties, le livre commence par une approche théorique principalement[1] fondée sur le modèle de l'approche systémique.

Les exemples puisés indifféremment dans des expériences auprès des familles et dans les organisations permettent une utilisation décloisonnée d'un outil systémique transversal.

---

1. Le modèle de l'Approche Contextuelle de Boszormenyi-Nagy, qui se préoccupe de l'éthique relationnelle (équilibre de la balance entre le donner et le recevoir dans les relations humaines) y apparaissant en filigrane.

L'approche pratique qui suit, consiste dans la présentation de 15 fiches de travail de l'auteur. Celles-ci dévoilent des moments d'intervention en tant que consultant, coach, formateur. Présenté en toute transparence, ce matériel est l'occasion de poser un regard autocritique et d'étayer des notions théoriques complémentaires à celles du début.

Pour finir la troisième partie présente un outil qui intègre un certain nombre de paramètres considérés, à l'expérience, comme pertinents pour gérer le processus d'intervention. Il s'agit d'un support graphique appelé « L'arbre des choix » qui aide au (re-) positionnement de l'intervenant externe dès le début, voire dans le cours de l'intervention. Cet outil, plus propice à ouvrir de nouvelles questions qu'à apporter des solutions, donne à l'intervenant un moyen de (ré-) interroger la globalité du dispositif d'intervention dans lequel il travaille. Il l'aide aussi à rester dans une position de vigilance, de doute constructif, propice à la mise en place de moyens adaptés au système qu'il accompagne.

SOMMAIRE

En théorie

INTRODUCTION

« Ça ne vous regarde pas[1]… »

On entend souvent cette petite phrase, que ce soit dans des contextes privés ou professionnels. Elle exprime, on ne peut plus clairement, la position défensive d'une personne à laquelle une autre personne a donné son avis, celle-ci se retrouvant devant une fin de non recevoir.

Tout un chacun a eu l'occasion d'observer et d'expérimenter ce type de réaction. Ce qui m'amène à formuler l'hypothèse suivante : un individu ou un système humain, au sens large (organisation, institution, famille…), aurait une tendance naturelle à se préserver du regard de l'autre, de son avis, de son conseil, bref de son intervention.

---

1. L'expression anglo-saxonne *mind your own business* parle également d'elle-même.

Deux questions viennent à l'esprit :

➤ Est-il honteux de faire appel à l'autre et ainsi de montrer ses limites ?

➤ Craint-on la disqualification par l'autre ?

Quoi qu'il en soit et si l'on en reste au niveau des faits observés, mon interprétation est qu'habituellement le système puise dans ses propres ressources pour dépasser les difficultés dans lesquelles il se trouve.

C'est d'ailleurs cette faculté naturelle qui permet à chaque système humain de gérer et résoudre les situations difficiles auxquelles il est confronté. En fait, cela ressemble fortement à un mécanisme qu'on pourrait qualifier d'auto-thérapeutique.

Ainsi, dans tout système, s'accumule une somme impressionnante d'apprentissages (dans un réservoir fictif) dont ceux relatifs à ce qu'on a coutume d'appeler la résolution de problèmes. Gardons donc à l'esprit que c'est d'abord dans ce réservoir que chacun puisera.

De cette première assertion découle cette réflexion :

> Il ne s'agit pas d'intervenir de droit dans un système,
> mais parce que celui-ci nous y autorise[1].

Ce principe qui peut paraître évident entraîne des conséquences pratiques générales qu'il me paraît intéressant de mentionner :

---

1. Cette notion d'autorisation n'est pas naïve. Il est clair que certaines contraintes du contexte peuvent amener le système à demander de l'aide, voire à faire semblant de demander de l'aide… Quoi qu'il en soit, cette aide sera toujours permise officiellement par le système et ce, même si officieusement il existe de fortes réticences (ou résistances, comme on veut) à cette intervention.

➤ Le fait d'être en difficulté dans le chef d'un système :

- n'engendre pas *ipso facto* une demande d'aide[1],

- n'autorise pas de la même façon une intervention externe.

➤ L'intervenant externe invité à offrir son aide est un interlocuteur privilégié[2].

Nous y voilà, nous sommes dans la position de celui qui aide, conseille, intervient… Cette position n'est simple ni à négocier ni à gérer.

En effet, lorsqu'on s'en mêle, on risque de s'emmêler et on a besoin d'outils pour démêler ce qui est entremêlé. Ces verbes expriment avec force et provocation la situation compliquée dans laquelle l'intervenant est plongé. Ne perdons jamais de vue ce qu'il est avant tout :

> L'intervenant : un étranger qui se mêle
> des affaires des autres…

Définition de l'objectif

Il s'agit de créer une méthodologie transversale applicable à un ensemble de domaines d'intervention :

> Une méthodologie transversale
> qui viserait à ce que l'intervenant répondant
> à une demande soit en mesure de le faire de façon
> conséquente et respectueuse des singularités
> du système humain et de son fonctionnement.

---

1. Nombreuses sont les faillites, que ce soit au sens propre comme au sens figuré, qu'on attribue après coup au fait de ne pas avoir fait appel à l'autre (« Vous auriez dû me le dire, je vous aurais aidé… »).

2. Dans le sens où il jouit d'un statut particulier et possède ce droit de regard que d'autres n'ont pas.

Dès lors, en plus de proposer un certain nombre d'outils et de méthodes qui permettent d'appréhender un processus d'intervention de façon pertinente, mon ambition est que chaque intervenant soit en mesure de répondre personnellement de ses actes, de ses décisions et de ses choix.

Ce souci éthique ne cherche nullement à répondre à toutes les objections, mais s'inscrit au contraire dans une perspective permanente d'ouverture au débat contradictoire qui favorise une interrogation constante sur les pratiques d'intervention.

De là découlera, je l'espère, une attitude empreinte de doute (qu'il ne faut pas confondre avec l'incertitude, la fébrilité, voire la naïveté), propice à installer une relation de travail chaque fois singulière et originale.

L'ensemble de ce livre cherche à donner au lecteur des moyens qui lui permettront de qualifier d'unique (dans le sens de donner une qualité) sa relation d'intervention.

Il s'avère en effet périlleux d'effectuer des comparaisons[1] entre des phénomènes identiques qui se passent dans des systèmes différents ; ceci tout particulièrement lorsque cette comparaison débouche sur l'application de la solution mise en place dans un système au sein d'un autre système considéré comme identique[2].

Il ne s'agit pas évidemment de faire fi des expériences réussies réalisées dans d'autres contextes organisationnels

---

1. Comparaison n'est pas raison.
2. Cette remarque repose sur un des principes de fonctionnement des systèmes ouverts: l'équifinalité. Principe selon lequel un même résultat peut être obtenu à partir de situations initiales différentes et, d'autre part, une même situation peut aboutir à des résultats différents.

similaires, mais de s'appuyer sur celles-ci afin de varier les hypothèses de travail possibles, tout en veillant à se laisser surprendre par le système lui-même[1].

---

1. Cette disponibilité d'esprit étant souvent propice à permettre au système de produire, en tout ou partie, les ingrédients de sa propre évolution.

CHAPITRE 1

LES CARACTÉRISTIQUES GÉNÉRALES DE L'INTERVENTION

Une définition minimale

L'intervention est une aide à travers une relation.

Que l'intervenant soit initiateur de la relation à l'égard d'autrui (logique d'offre) ou bien celui qui répond à l'autre (logique de demande), on se trouve dans les deux cas de figure devant le même phénomène, à savoir que « l'autre », le client, accepte la relation avec l'intervenant (qui lui offre ses services) ou s'engage activement dans la relation avec lui (en lui adressant une demande).

Dès lors, en ce qui est factuel, la seule chose dont l'intervenant soit certain concernant le système qu'il rencontre est que celui-ci accepte de s'engager dans une relation à son égard. Cela signifie qu'en fonction des réalités et d'une série de conditions propres à ce système, ce dernier sait que le moyen de trouver une solution à sa situation implique qu'il entre en contact avec l'intervenant extérieur.

L'appel à ses propres ressources

Mais avant, les systèmes font appel à leurs propres ressources en matière de résolution de problèmes. C'est la phase durant laquelle il y a questionnements, tentatives de solution, essais/erreurs, lectures, réflexions diverses, essais de formulation ou de formalisation par écrit... Dans tous ces cas, le système est seul avec lui-même, il cherche en lui les moyens de dépasser la difficulté, la question, le problème. Il s'aide lui-même.

> Au sein de cette entreprise, le responsable du personnel constate que le taux d'absentéisme augmente singulièrement depuis trois mois. Il décide de se pencher sur ce phénomène et compulse les relevés de prestations de son personnel. Il cherche à établir un lien quelconque avec un événement précédent cette période, se rend en librairie pour lire des ouvrages consacrés à la résolution de cette difficulté. Ensuite, fort de ces investigations, il prend la décision de réaliser une note de service rappelant fermement les conséquences que risquent de supporter les employés qui s'absenteraient sans raison objective. Il a donc réfléchi et mis en place, seul, la solution à cette difficulté.
>
> Dans cette famille, l'enfant de 5 ans refuse depuis quelques jours d'aller dormir seul. Il pleure et appelle constamment sa mère. Les parents tentent de le raisonner, le menacent de le priver d'un jeu qu'il affectionne, mais rien n'y fait. L'enfant reste en détresse. Les parents prennent les choses au sérieux. Ils se disent que cette situation n'est pas « normale ». Lors d'une petite promenade, le papa se retrouve seul avec son fils. Il lui dit que lui-même étant petit avait eu peur et qu'il avait trouvé un truc pour que ça n'arrive plus. Cet aveu de faiblesse de la part du papa apaise fortement l'enfant qui lui explique qu'il a vu un

> film qui lui a fait peur mais qu'il n'osait pas le dire parce qu'il savait qu'il ne pouvait pas le regarder car « c'était pour les grands »… Le fils demande ensuite à ce que ce soit son père qui le mette au lit. L'enfant va mieux.

La phase de réflexion propre au système (intra systémique) précède souvent celle de l'appel au tiers. Elle est parfois longue pour les plus patients, parfois très courte pour les impulsifs. C'est à la fin de celle-ci ou après le constat que les solutions tentées ne portent pas leurs fruits (l'absentéisme continue, voire même augmente…) que l'idée d'un appel à l'extérieur vient à l'esprit.

S'opère alors une construction imaginaire de l'aide qui pourrait être fournie. C'est la phase silencieuse qui précède la demande effective (rencontre physique, ou contact verbal ou écrit). Dans celle-ci, le système n'est plus seul, il échange (en pensée) avec un intervenant potentiel. Il imagine l'intervention.

L'appel au tiers ou la demande

Faire une demande à un tiers est une démarche délicate. Les demandes sont, au départ, le résultat d'une réflexion faite en l'absence de l'intervenant.

> Le DG est l'ami d'un consultant. Il souhaite faire appel aux collègues de ce dernier. En effet, il désire mettre au point un système d'évaluation du personnel. Il en parle à son DRH, lequel se montre favorable à un travail de collaboration avec un bureau externe.

Au-delà des compétences professionnelles de l'intervenant pressenti, ce dernier possède une qualité qui potentialise celles-ci : l'extériorité. L'intervenant externe est, par nature, dans une position privilégiée. Il n'est pas le « nez dans le guidon », immergé, voire englué dans une réalité complexe.

Quant au client, c'est fréquemment parce qu'il manque de recul, qu'il est noyé, qu'il ne voit plus clair, qu'il enclenche le processus d'appel à l'extérieur. Durant la phase silencieuse et avant la formulation de la demande proprement dite, le client construit de façon imaginaire l'aide qui va pouvoir être fournie. Celle-ci s'élabore en imaginant ce que l'autre (l'intervenant externe potentiel) va pouvoir apporter. C'est comme une rencontre fictive anticipée par le demandeur. On pourrait, sans être moqueur, dire que le client « se fait son cinéma ».

Ainsi, la demande ne peut prendre consistance (devenir formulable à un tiers) que si le demandeur a anticipé une réponse qu'il estime pertinente par rapport à son besoin.

> Le DRH et le DG préparent la première rencontre avec le bureau de conseil. Le DG explique sa totale confiance dans le consultant ami (qui dirige ce bureau) et par conséquent dans les collègues de ce dernier. Il souhaite qu'une évaluation du personnel soit réalisée, laquelle permettra d'augmenter la motivation de celui-ci. Il laisse au DRH le soin de rencontrer ces intervenants externes et de leur poser toutes les questions qu'il désire.

Il est donc intéressant de noter combien, avant même une rencontre avec l'intervenant externe, celui-ci se trouve mis dans une *position*[1] où le demandeur l'imagine efficace. Il sera tout aussi intéressant de noter, lors de cette première rencontre, dans quelle mesure cette position évoluera ou non. Nous y reviendrons.

> Le DRH interroge les références et les expériences des consultants dans le domaine. Il s'informe également de la méthodologie qu'ils préconisent, tout en expliquant son

---

1. Je prends souvent la peine de demander à l'intervenant à quelle place il pense s'être assis. Cette métaphore permet d'utiliser des images fortes comme par exemple : « être assis à la place du calife », « être sur un siège éjectable », « être à la place du mort », « être à côté du directeur général » « être sur les genoux de… », etc.

attachement à une méthode déterminée. Le dialogue s'installe et des informations sensibles sont données aux intervenants. Parmi celles-ci, la crainte que des membres du personnel actuellement insatisfaits partent vers d'autres horizons. D'où le souhait de la DG d'augmenter le degré de satisfaction au travail. Dans ce contexte de dialogue ouvert et de confrontation théorique, la proposition préconisée, bien que différente du projet initialement pensé, est acceptée par le DRH. En l'occurrence, il s'agit essentiellement de soumettre l'idée à la DG d'engager un processus d'évaluation en associant d'emblée tout ou partie du personnel à la construction de l'outil.

Mais s'il y a demande, c'est qu'il y a offre.

Celle-ci peut prendre différentes formes :

- une publicité,
- un contact avec un collègue qui a évoqué l'aide possible d'un tiers,
- une émission télé,
- un livre,
- un article,
- une conférence,
- une rencontre fortuite avec « l'offreur de services »…

Est-ce aller trop loin que de dire qu'il n'y pas de demande s'il n'y a pas d'offre organisée, active ?

Le consultant demande à rencontrer une personne, appartenant au monde du conseil, dont il a lu un article intéressant. Il souhaite lui faire part de son expérience et confronter leur pratique. Lors de la rencontre, très cordiale, le consultant évoque son offre de service dans des domaines spécifiques, tel le coaching. Son interlocuteur pense qu'un de ses anciens clients pourrait être intéressé par ses compétences. Fort de ces informations, le consultant écrit un courrier à la DG de cette organisation (avec un double à l'interlocuteur prescripteur), faisant état de son contact et sollicitant un rendez-vous. Celui ci est fixé et il ressort de la rencontre que l'offre de coaching permet l'expression d'une demande chez ce DG.

Clés pour l'intervention

Qu'est-ce que le client imagine que je vais lui apporter ?
Qu'est-ce que je connais de la situation du demandeur ?
De quelles informations, qui me seraient utiles avant la première rencontre, puis-je disposer ?
Que me conseille une personne en qui j'ai confiance ?
Pourquoi me fixe-t-il rendez-vous dans ce lieu (dans l'entreprise, chez lui, dans un lieu neutre, chez un ami…) ?
Sera-t-il seul ? Quelles hypothèses puis-je faire ?
Comment a-t-il pris rendez-vous avec moi (écrit, e-mail, secrétariat, téléphone bureau, privé, par personne interposée…) ?

L'offre et la demande, deux logiques différentes

Le raisonnement qui précède fait toucher du doigt l'intrication constante qui existe entre l'offre et la demande, et réciproquement.

Certes, une demande s'effectue s'il y a offre, mais s'il y a offre c'est qu'il y a probabilité de demande. Peut-il y avoir demande sans offre ? En toute logique, on aurait tendance à penser que non. Néanmoins il existe parfois des demandes qui ne trouvent pas de réponses. Ce sont sans doute celles qui participent à la création de nouvelles réponses, de nouveaux produits… de nouvelles offres (et la boucle recommence).

Sur un autre plan et pour compliquer[1] les choses, remarquons aussi que celui qui fait offre demande aussi sans doute qu'on le sollicite. L'offreur possède ainsi en lui une part de demandeur.

---

1. Nous sommes conscients du fait que cette remarque pourrait introduire une certaine confusion dans la compréhension. Elle est cependant nécessaire afin de donner une image la plus proche possible de la réalité de la rencontre offre-demande.

Pour tenter d'y voir plus clair dans ces questions complexes et sur l'incidence qu'elles ont dans le processus d'intervention, je me base sur la distinction que j'effectue entre deux logiques. Il faut les considérer du point de vue de l'intervenant externe, qui à certains moments s'inscrit dans une position d'offre et à d'autres dans une position de réponse à une demande.

La logique d'offre

Dans la logique d'offre, l'intervenant est dans la position active d'offrir ses services. Il fait de la publicité, il informe opportunément des clients potentiels, il démarche, il prospecte, fait des conférences, parle de ce qu'il fait... En cela il se montre « demandeur » de clients mais, de façon plus pragmatique, il espère susciter une demande par rapport à son offre.

> Cette société de formation présente ses produits à travers des folders qu'elle distribue lors d'un salon sur la gestion des ressources humaines. Elle espère ainsi attirer de nouveaux clients.
>
> Lors d'une manifestation sportive à laquelle il assiste avec son fils, ce consultant rencontre inopinément le père d'un ami de celui-ci. Au cours de l'après-midi, la discussion très conviviale débouche sur leurs investissements professionnels. Ainsi, le consultant apprend que son interlocuteur est le patron d'une société très florissante de la région. Ce dernier est très fier de la mise au point d'un système de qualité totale. Or le consultant est justement spécialisé dans ce domaine...

Cette démarche vise en réalité à établir un contact, une relation entre l'offreur (la personne qui offre) et un autre système humain. C'est au sein de cette relation que l'articulation entre l'offre de l'intervenant et la demande se créera avec plus ou moins de bonheur.

La logique de demande

Ici l'intervenant est sollicité par autrui afin de répondre à sa demande. C'est une position que j'ai tendance à considérer comme favorable pour l'intervenant externe. La sollicitation peut se réaliser *via* un coup de téléphone, une demande de rendez-vous, un courrier, l'intervention d'un tiers, etc.

> Ce travailleur social est employé dans une structure d'aide et d'informations pour les jeunes. Il reçoit un coup de téléphone d'un jeune homme qui lui demande des renseignements à propos de son orientation scolaire, désirant connaître toutes les écoles susceptibles de l'accueillir en fonction de son niveau d'étude actuel. L'intervenant lui propose un rendez-vous pour en discuter de vive voix. Le jeune s'y présente.

> Cet administrateur délégué rencontre un consultant lors d'une conférence à laquelle il participe. L'exposé réalisé par l'intervenant lui laisse à penser qu'il pourrait utilement intervenir dans son organisation afin d'appliquer la même démarche et ainsi obtenir les mêmes résultats que ceux qui sont présentés. Lors du cocktail de fin de journée, il s'approche de ce consultant et lui signale son intérêt pour le produit présenté. Une brève conversation, interrompue quelque peu vu les circonstances, débouche sur la prise d'un rendez-vous (on sort les agendas), au cours duquel une discussion plus longue pourra avoir lieu (analyse de la demande).

> Cette ASBL spécialisée dans la formation et l'intervention dans le domaine de l'aide à la jeunesse reçoit une demande de la part d'un directeur d'institution. Celui-ci souhaite parler au responsable. Il se présente, disant qu'un de ses amis lui a recommandé de prendre contact de sa part. Le responsable passe un bref moment à parler et à prendre des nouvelles de ce tiers[1] (comment va-t-il, que fait-il maintenant...?). Le directeur lui expose alors son problème quant au

---

1. Il est intéressant de remarquer qu'il est fréquent que le fait de faire état d'un ami commun influence favorablement la suite de la rencontre (voir la notion de « prescription »). Ce point commun (on partage l'amitié d'un tiers) est un point de départ qui laisse augurer que d'autres « points communs » pourront naître dans la relation, en particulier le fait que la réponse à la demande soit adéquate pour le demandeur.

management de son équipe. Le responsable écoute, pose quelques questions et discute avec lui près d'une heure durant. Il propose ensuite de le rencontrer dans les prochains jours et, d'ici là, de lui adresser une note synthétisant sa compréhension de la problématique décrite. Le rendez-vous est programmé.

CHAPITRE 2

LES PHASES DE L'INTERVENTION

Pour imaginer ces différentes phases, on peut s'appuyer sur la ligne du temps. Il s'agit effectivement d'un processus qui se déroule linéairement, qui a un début, une fin, dans le temps. Chaque instant est précédé d'un avant et suivi d'un après.

Mais, malgré ce découpage quelque peu théorique, il ne faut pas perdre de vue que ces différentes phases sont étroitement dépendantes les unes des autres et que l'ensemble constitue un tout indissociable.

Avant le premier contact

L'erreur serait de penser que le travail ne commence qu'une fois le contact physique établi entre le client et l'intervenant externe. Comme on l'a évoqué, le client a très souvent réfléchi, et parfois longuement, avant de faire appel. Le choix de tel ou tel intervenant n'est donc pas le fruit du hasard.

Cette dernière remarque concernant le hasard doit être comprise dans son sens le plus large car, même si le choix se fait au hasard (la personne qui ouvre un bottin à la rubrique « consultant » et choisit le premier de la liste), il n'en demeure pas moins vrai que c'est un choix délibéré.

Autrement dit :

On ne choisit pas au hasard « par hasard » !

Ce père de famille rencontre pour la première fois cet intervenant. Lors de cette rencontre, il lui explique combien la démarche de prise de rendez-vous a été difficile pour lui. Il dit qu'il pense depuis plusieurs mois à se faire aider et que ce n'est qu'après avoir pris des informations sur le fonctionnement du service et la confirmation par des amis de l'opportunité de cette démarche, qu'il s'est finalement décidé à le faire. Il peut ensuite exprimer ses craintes et ses attentes.

Cette mère de famille, dont les trois enfants (12, 8 et 6 ans) ont été placés en institution durant deux ans, en a de nouveau la garde. Elle doit cependant rendre des comptes régulièrement à une assistante sociale qui vient chaque mois, veillant ainsi à la réinsertion des enfants. La relation entre elles n'est pas bonne, dans la mesure où cette même assistante sociale est à l'origine du placement des enfants après avoir constaté un problème d'hygiène et de déscolarisation. La mère n'a donc aucune confiance en elle et il se confirme par ailleurs que cette dernière doute toujours des compétences de la maman. Un jour, l'institutrice d'un des enfants s'inquiète car il dit constamment qu'il a faim. Sans en parler à la maman, l'assistante sociale est informée. Elle débarque sans prévenir dans la famille et demande des explications à la maman. Cette dernière, outrée des accusations qui lui sont faites et du manque de tact de l'école (elle estime légitimement qu'elle aurait dû être informée en premier), s'emporte et la discussion s'envenime. Au soir de cette discussion, la maman passe chez ses propres parents où elle revoit une de leurs amies. Encore sous le coup des sous-entendus, elle leur raconte tout. L'amie en question pense qu'il faudrait qu'une psychologue intervienne. Elle cite le nom d'une personne dont on lui a dit grand bien. « Que ce soit n'importe qui, mais il faut que j'en parle à quelqu'un très vite sinon ça va mal tourner et je risque de perdre de nouveau mes enfants injustement », dit la maman. Le lendemain, le nom de la psychologue est donné et la maman prend rendez-vous en urgence chez cette personne choisie « par hasard ».

En général, l'offreur de service, d'une façon organisée ou non, de son côté, a lui aussi fait en sorte de se positionner sur le « marché » afin d'être contacté. Dans l'exemple ci-dessus, cette psychologue avait vraisemblablement réalisé des interventions auprès de personnes en difficulté et le bouche à oreille a fait le reste.

Ce service d'aide aux familles est connu sur le territoire de la commune. En effet, de nombreuses réunions entre professionnels psychosociaux ont depuis plusieurs années permis que le fonctionnement de chaque institution soit connu de tous et que les articulations des uns par rapport aux autres soient claires. Dans ce contexte, les familles en difficulté sont opportunément orientées mais aussi préparées, voire accompagnées, par des professionnels afin de favoriser la première rencontre avec des intervenants spécialisés.

Clés pour l'intervention

Quelques questions pour se préparer à la première rencontre avec un client :

Pourquoi pense-t-il que je peux être utile ?

Qui lui a conseillé de prendre contact avec nous ?

Depuis combien de temps réfléchit-il à faire intervenir une personne extérieure ?

Pourquoi maintenant ?

Est-ce urgent ?

A-t-il déjà fait appel à des intervenants externes. Si oui, quel souvenir en a-t-il ? Quel souvenir en ont les autres personnes qui ont été impliquées ?

Le premier contact

La première rencontre entre le client et l'intervenant externe est d'une importance considérable car c'est d'elle que va dépendre ou non l'instauration d'une relation de travail. La complexité de ce qui se joue dans ce contact rend quasi impossible l'énumération des éléments qui le caractérisent. Sans prétention d'exhaustivité, notons : les attitudes, la façon d'accueillir, de se présenter, les regards, les échanges non verbaux (langage analogique), la position des corps, le ton des voix, les efforts pour se faire comprendre, le souci réel ou feint de s'intéresser à l'autre, etc.

Il faut ajouter tous les éléments de contenu, proprement dit, qui valident de part et d'autre l'idée d'une possible collaboration. Le client recherche des éléments de compétence et d'expérience dans les domaines qui l'intéressent, et l'intervenant externe se positionne par rapport à une demande qui lui est adressée.

Ce superviseur rencontre la direction d'une institution. Le directeur se dit intéressé par une supervision des équipes. Afin d'identifier la demande propre aux travailleurs et réservant sa réponse quant à se charger ou non de cette mission, le superviseur préconise de rencontrer chaque équipe en présence du directeur pendant une heure. C'est ce dernier qui présente la séance, pose le cadre, avant de quitter la pièce. Ensuite, le superviseur fait connaissance avec les membres du personnel. Le passage dans les équipes est en outre l'occasion de s'imprégner de l'ambiance propre à chacune d'entre elles, mais aussi de s'intéresser à certaines individualités fortes qui les composent. C'est également pour ces personnes l'occasion de tester cet intervenant externe en le mettant face à des jeux relationnels et des attitudes parfois singulières.

Clés pour l'intervention

Quelle est la toute première impression de l'intervenant?
Positive, négative, ne sait pas?
En quoi le client est-il singulier?
La relation est-elle tendue?
Le client consacre-t-il un temps suffisant à cette rencontre?
Est-il dérangé lors de cet entretien?
Apprécie-t-il les suggestions, les hypothèses, les remarques de l'intervenant?

La première formulation

Lors de la première rencontre, le client formule sa demande. S'arrêter sur la première façon d'exprimer cette demande est, à l'expérience, un indice intéressant pour la suite de l'intervention. Il s'agit donc de noter le plus fidèlement possible cette phrase qui explicite la problématique, qui explique l'appel à l'extérieur, et qui donc justifie l'existence de cette relation.

Dans cette formulation se trouvent souvent le problème et la façon de le résoudre (voir construction silencieuse de la demande), et, donc, les éléments principaux de l'intervention tels que le client l'a conçue.

Les échanges qui en découleront seront souvent l'occasion pour l'intervenant externe d'ouvrir des pistes par la pertinence de son questionnement et sa capacité à présenter des idées originales. Cela pouvant déboucher sur l'évocation d'options d'intervention auxquelles le client n'avait pas songé. Dans ce cas de figure, il importe d'être attentif (d'un point de vue diagnostic) à la façon dont le client sera capable de prendre en considération le recadrage réalisé.

Dans le cas où le client est à même de modifier effectivement sa définition du problème et/ou de sa solution, on peut faire l'hypothèse que le système dans sa globalité est lui-même capable de transformation[1]. *A contrario*, si à la fin de l'entretien, la demande formulée s'exprime toujours dans le même registre (voire avec les mêmes mots), on se trouve devant un système dont on peut supposer qu'il n'est pas capable d'adaptation à ce moment.

Ce raisonnement (qui peut paraître fragile), reposant sur le postulat selon lequel la sensibilité du système global peut être appréhendée à travers un de ses éléments, constitue une piste significative[2].

> Le formateur rencontre le directeur qualité (promoteur du projet) d'une entreprise. Sa demande est, telle qu'il le dit, « simple ». Il s'agit de former les responsables « qualité » présents dans les différents départements de l'entreprise et de les motiver à s'engager plus loin dans cette voie de la qualité. Il demande combien coûtera l'intervention de formation et combien de temps cela prendra. Il est pressé.
>
> Au travers des questions posées par l'intervenant externe, il apparaît que ce directeur a déjà tenté de réaliser lui-même cette formation mais qu'en raison de la participation très faible des responsables en question, la direction générale (décideur) a décidé de faire appel à une ressource extérieure.
>
> L'interlocuteur de l'intervenant a donc conçu le programme de formation et demande au formateur extérieur de la réaliser. Le formateur tente de comprendre les causes de ce fiasco; il demande en outre s'il peut rencontrer la direction générale. Il lui est répondu que celle-ci n'en a pas le temps et ne considère pas cette formation comme prioritaire…

---

1. D'un autre côté, l'intervenant sera également attentif à un client qui très rapidement s'aligne sur les propositions et les recadrages réalisés, démontrant peut-être par là une forme d'inconsistance dans la mise en place du projet. S'agit-il du bon interlocuteur ?
2. Des variables telles que la taille du système considéré, la représentativité de l'interlocuteur et son degré de légitimité par rapport à l'ensemble des acteurs, etc., relativisent évidemment la pertinence de ce raisonnement essentiellement linéaire.

D'autres éléments d'informations sont obtenus difficilement. L'entretien est tendu. À deux reprises, le demandeur doit répondre au téléphone et, une fois, il doit sortir régler une affaire urgente. Le formateur se propose de prendre congé et de faire une offre. À ce moment l'interlocuteur lui tend un dossier reprenant tout le processus de formation tel qu'il l'a conçu. Le formateur n'emporte pas le dossier, il salue poliment et confirme qu'il fera offre prochainement. Celle-ci ne débouchera pas sur une intervention.

Une première précaution importante

Très fréquemment, la tendance est de considérer que le « diagnostic » est positif (favorable) lorsque le client démontre des capacités de transformation et qu'il est négatif (défavorable) si ce n'est pas le cas. C'est une lourde erreur liée à une représentation selon laquelle ceux qui se transforment, qui changent, qui s'adaptent sont mieux, plus « dans le coup » que les autres.

Ce mythe du changement ne tient cependant pas compte du fait que :

➤ Le changement n'a pas de sens s'il n'y a pas du « non-changement ».

➤ Chaque système humain ouvert sur l'environnement est au fil du temps soumis à des tensions internes et externes qui l'amènent à devoir faire des choix de stabilisation ou de changement.

Il n'y a donc pas de « bonne organisation » ni de « mauvaise organisation ». Il y a des organisations qui, à un certain moment de leur histoire et pour des raisons bien particulières, font appel à des ressources extérieures. Cela afin de les accompagner dans des processus de changement, de transformation ou de stabilisation.

Une seconde précaution importante

Les « diagnostics » ici posés n'ont qu'une valeur très indicative (certains diraient anecdotique). Il faut en effet relativiser leur importance et, surtout, se garder de conclure après cette première rencontre que l'on se trouve devant tel ou tel système déterminé.

Ce qu'il est important de conserver à l'esprit, c'est que cette rencontre recèle des informations intéressantes (qui permettent des hypothèses) pour la gestion de la suite du processus.

D'une façon générale, je considère que la rencontre du client est en effet une sorte de porte ouverte sur une dynamique globale du système. À l'intervenant de « se pencher un peu » (comme on tend l'oreille) afin de percevoir quelques indices sur les velléités de transformation du système.

Clés pour l'intervention

D'autres personnes partagent-elles votre définition du problème ?
Qu'attendez-vous de nous ?
Comment concevez-vous notre intervention ?
Quel est le climat (social) actuel ?
Des personnes sont-elles en souffrance ?
Avez-vous déjà travaillé en collaboration étroite avec un consultant ?
Qui est au courant de votre appel à un intervenant extérieur ?

La proposition d'intervention

La réalisation de celle-ci n'est pas chose aisée car il s'agit de donner réponse à une demande explicite d'une façon qui intéresse le client, sinon qui l'étonne. La proposition d'intervention doit en fait tenir compte autant des éléments explicites de la demande que de ses éléments implicites.

En puisant dans ces derniers, l'intervenant extérieur pourra créer une proposition qui « fait la différence ». En « créant le hiatus[1] », l'intervenant va intéresser le client. Sa proposition d'intervention se base sur des singularités, des particularités culturelles, des résistances, des ressources, des mouvements, des alliances qui ont été décodées (à partir de messages explicites et implicites) lors du premier contact.

> Deux consultants de la même société (dans une logique d'offre) rencontrent un directeur. L'un d'eux réalise la présentation théorique de l'approche systémique en faisant des parallèles avec les applications dans le système famille.
> Le directeur montre son intérêt pour le modèle et l'approche et semble souhaiter entamer un travail de réflexion dans le cadre d'une mission. Cependant, si la demande explicite est très peu claire, on devine une demande implicite certainement plus importante mais qui ne semble pas pouvoir être formulée à cet instant par ce client (contexte à trois). S'en rendant compte, le consultant pressenti pour intervenir propose une rencontre d'analyse de la demande en face à face dans les jours qui suivent. Ce repositionnement agrée le client car il respecte son rythme, voire sa réserve à s'exprimer devant l'autre collaborateur. L'intervention ainsi enclenchée débouchera sur plusieurs séances de coaching.

Une fois réalisée, la proposition d'intervention pourra bien entendu constituer un média sur la base duquel une seconde ou une troisième rencontre pourra avoir lieu. Une relation de travail s'ébauche alors et les probabilités de contractualisation augmentent fortement[2].

---

1. Par là, il faut entendre cette « différence qui fait la différence » et positionne cet intervenant-là comme singulier, et donc susceptible d'être choisi.
2. Il n'est pas rare de constater que des clients peu scrupuleux demandent à l'intervenant des trésors d'ingéniosité successifs lors des propositions d'intervention pour aboutir à une non-contractualisation. Ce « sport » pouvant permettre au client de mieux cibler sa demande prochaine. Il faut savoir que ces pratiques existent et, à moins qu'on y prenne plaisir, ne pas s'y laisser piéger.

L'intervention proprement dite

Cette phase est celle qui résulte de l'accord passé entre les deux parties. L'intervenant fait des prestations, pour lesquelles il est rémunéré. Cette façon de présenter l'intervention en donne une image faussement simpliste. Les éléments de réflexion qui suivent tentent d'en appréhender la richesse et la complexité qu'elle représente en termes de gestion du processus.

En réalité, les entrées et sorties de l'intervenant au sein du système concerné constituent des mouvements qui doivent être considérés comme autant de stimulations. Cela signifie que l'intervenant externe doit concevoir son intervention plus largement qu'il n'y paraît. En effet, une fois le processus entamé, le système est mis sous tension, presque mis en alerte par l'intervention. Il réagit aux *inputs* produits par la présence de l'intervenant, mais est également susceptible de produire des effets une fois l'intervenant « sorti » du système.

Cette vision donne ainsi à l'intervention une dimension d'impact beaucoup plus large que celle qui consisterait à ne considérer celle-ci que lorsque l'intervenant est dans le système – une vision étriquée qui serait dangereuse.

Le mécanisme des effets concentriques permet de comprendre ce qui se passe. Quand vous jetez une pierre dans l'eau, des ronds se forment à partir du lieu de son impact. Et si vous continuez votre chemin, il est clair que les effets de cette stimulation de la surface de l'eau continuent à opérer (l'onde de choc) très loin du point d'impact. Il en va de même avec l'intervention (la pierre – l'intervenant – ayant quitté la surface de l'eau – le système – continue à réagir à cette stimulation et produit des mouvements susceptibles d'engendrer des réactions).

L'intervention proprement dite implique ainsi de la part de l'intervenant une vigilance sur ce qui se passe en son absence. Il est essentiel de connaître le mécanisme de ces effets concentriques et les modes de gestion de ceux-ci pour avancer dans l'intervention de la façon la plus correcte possible pour le système. L'aide d'une ou plusieurs personnes appartenant au système (notion de référent organisationnel[1]) pour collecter, voire réguler, les phénomènes observés et en faire part à l'intervenant est évidemment très précieuse.

> Ce service public comporte près d'une centaine de personnes. L'intervention commandée impliquera directement un certain nombre d'acteurs privilégiés que va rencontrer le consultant. Ils seront donc plus au fait que les autres des objectifs du processus. Une information globale a été réalisée. Elle est souhaitable mais pas suffisante; il faut mettre au point un moyen qui tienne compte des réactions éventuelles. Pour ce faire, le consultant a compté sur des membres du personnel qui veillent à la bonne santé du système et à ses manifestations. Repérer ces signes d'incompréhension et y répondre garantira un rythme correct dans le travail. Les signes en question étant propres au système, ce sont les acteurs qui en font partie qui sont les plus à même de les percevoir. Ici, on a noté une augmentation des rumeurs, des bruits de couloir et l'expression de craintes de règlement de comptes. Cela a amené le consultant à solliciter rapidement la DG afin qu'elle apaise et clarifie les enjeux.

La dynamique ici décrite montre combien les processus d'intervention sont soumis à des réactions, ou plutôt rétroactions, qui peuvent modifier le rythme, les axes de travail, la position des acteurs, voire la méthode initialement proposée. Cette créativité de la part de l'intervenant externe est précieuse pour la gestion du

© Éditions d'Organisation

---

1. Celle-ci sera développée ultérieurement.

processus. Elle est cependant tributaire de son acceptation par le client.

Ceci pose la question de savoir ce que l'intervenant a vendu au client. Dans le cas le plus favorable, qui n'est pas rarissime, le client de son côté a compris l'importance de se garantir une marge de manœuvre permettant de prendre une autre orientation que celle définie d'entrée. Cette possibilité s'est négociée lors des premiers entretiens et à fait l'objet d'une précision explicite dans la proposition d'intervention.

Une intervention de conseil en marketing est vendue au client. Le consultant anime un groupe composé d'acteurs appartenant à des services différents, lesquels ont un passé de conflit non résolu. Les deux premières réunions se déroulent correctement. Puis, à la troisième, le consultant animateur constate qu'il est explicitement boycotté par un noyau d'acteurs. Ceux-ci remettent en cause la légitimité de son travail et de ses méthodes. Souhaitant s'en expliquer, il leur accorde un temps complémentaire et réalise un écrit qui clarifie l'ensemble de sa démarche. En outre, il reprend contact avec son client et lui demande un rendez-vous. Celui-ci dit avoir entendu des gens exprimer leur déception et ne comprend pas non plus ce qui se passe. Il interrompt néanmoins le travail du conseiller en marketing et lui demande une analyse écrite et circonstanciée afin de pouvoir expliquer ce qui se passe au comité de direction. Enfin l'intervenant est invité à défendre sa position devant un comité accusateur.

La facture des prestations de l'intervenant comporte les trois journées de formation, plus l'ensemble des heures consacrées à la gestion du processus. Ces dernières, non prévues explicitement comme faisant partie de l'intervention, ne seront pas payées par le client.

La première formulation

Élaboration
de la proposition
d'intervention

Avant
le premier
contact

Analyse de la demande

L'intervention
proprement dite

Ligne du temps

Le premier contact

La proposition
d'intervention

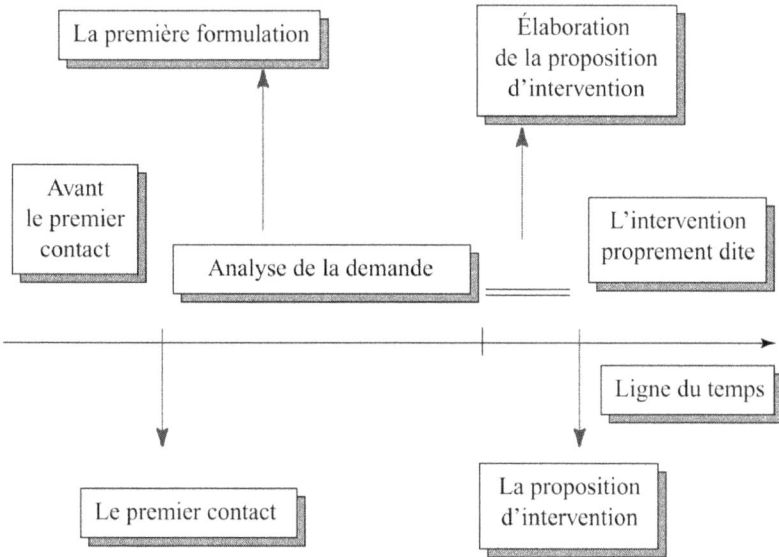

Schéma récapitulatif

CHAPITRE 3

ÉLÉMENTS DE SYSTÉMIQUE APPLIQUÉS

Nous souhaitons présenter ici des concepts théoriques de l'approche systémique qui s'avèrent utiles pour gérer les processus d'intervention. Ces concepts sont utilisés depuis de nombreuses années dans le domaine de la thérapie familiale. Ils constituent des outils très pertinents pour mener à bien des processus thérapeutiques en considérant, notamment, que l'aide à apporter à un membre d'une famille en difficulté nécessite qu'on y implique activement la famille dans son ensemble. Le système familial, considéré comme le système naturel le plus significatif, étant une ressource indispensable pour le travail de thérapie.

Les éléments dont il est fait état ici, de façon non exhaustive, sont apparus, à l'expérience, intéressants pour aider à la compréhension des interventions auprès des systèmes humains au sens large. Remarquons cependant que cet effort de transposition (de la famille vers les systèmes humains) doit se concevoir moyennant deux précautions:

➤ La première est de ne pas perdre de vue que l'intervention auprès d'un système humain n'est pas une thérapie.

➤ La seconde est qu'il existe une différence fondamentale entre les relations familiales et celles exercées au sein d'un système organisationnel.

Les premières se fondent sur des liens du sang (la filiation) et les secondes sur des relations que l'on peut qualifier de fonctionnelles. Ces deux différences justifient le sens du mot application par opposition à celui de transposition.

L'ouverture

Les systèmes humains qui sollicitent une intervention sont des systèmes ouverts. Par là, il faut entendre des systèmes qui communiquent avec l'environnement extérieur et donc échangent avec celui-ci matière, informations, énergie, etc. Pour vivre, un système humain doit être ouvert, au risque de dépérir. En effet, sans ces échanges, on peut penser qu'il se recroquevillerait sur lui-même, réalisant une sorte d'auto-combustion de ses ressources.

L'ouverture est donc essentielle, mais elle ne doit pas être totale. En effet, un système qui s'ouvre trop à l'extérieur risque de se fondre dans l'environnement extérieur. Le risque est alors important qu'il ne perde, purement et simplement, son identité et disparaisse en tant que tel. Un équilibre constant doit donc exister entre fermeture et ouverture, amenant parfois le système à s'ouvrir momentanément avec force et, à d'autres moments, à se fermer. C'est cette dynamique qui fait de ce système un système vivant.

Une des conséquences pratiques dans le domaine des interventions consiste à prendre conscience que l'entrée dans un système ouvert est une démarche qui ne va pas nécessairement de soi. Il n'y a rien de naturel à ce qu'un système permette l'entrée d'un étranger en son sein ; plus exactement, il importe d'être attentif aux modalités suivant lesquelles le système accepte le regard extérieur.

> Un directeur d'institution téléphone à un service spécialisé dans les supervisions d'équipes. Après un long entretien téléphonique, il demande à rencontrer le responsable de ce service. Deux rendez-vous d'analyse de la demande se succèdent. Le superviseur pressenti est ensuite invité à contacter le directeur en question. Celui-ci lui propose un rendez-vous en présence de l'administrateur délégué de l'institution de telle sorte qu'il avalise le processus d'intervention. Après ce contact, le superviseur est amené à formuler par écrit sa proposition de travail. Celle-ci fera l'objet d'une discussion au sein de l'équipe à superviser lors d'une réunion animée exceptionnellement par le directeur et spécialement consacrée à cette proposition.

> Ce consultant est appelé par le chef du personnel d'une institution non marchande. Il désire réfléchir à la mise en place d'un dispositif de coordination des services sociaux. Lors de la rencontre, il apparaît que ce consultant est le dixième intervenant sollicité et que ce projet revient de façon récurrente à l'ordre du jour. Aucun intervenant n'a jusqu'à présent pu aller au-delà de ce premier contact.

> Cette ASBL de formation téléphone à un formateur spécialisé dans les techniques de gestion d'équipes afin qu'il communique ses disponibilités pour un client. Le lendemain, les dates sont prises et l'intervenant formateur en prend note. Il se rendra en temps utile à l'adresse indiquée pour commencer la formation chez le client.

Ces exemples montrent combien les prestations intellectuelles de l'intervenant se réalisent différemment. Certains systèmes sont prompts à accepter l'entrée de cet intrus[1], d'autres le sont beaucoup moins. Remarquer ces différences, en tenir compte pour la suite, voire même formuler quelques hypothèses au sujet de ces réactions, rend l'intervenant plus vigilant sur la manière dont le système se propose de le consommer[2].

Clés pour l'intervention

Avez-vous déjà rencontré d'autres intervenants ou bien suis-je le premier ?

Avez-vous déjà tenté de résoudre, en interne, le problème dont vous me parlez ?

En général, votre entreprise fait-elle souvent appel à l'extérieur ?

Comment me conseillez-vous d'entrer en contact avec l'équipe dont vous me parlez ?

Le principe de totalité

Ce principe consiste à concevoir le système comme un tout, un ensemble constitué d'éléments interconnectés. Qu'il s'agisse de départements, d'hommes et de femmes, de membres d'une famille, de membres d'une équipe, de participants à une formation… tous sont en relation. Ainsi sont-ils susceptibles d'être affectés, peu ou prou, par les *inputs* reçus par un des membres du système. Si l'on touche à l'un, on touche aux autres.

---

1. Il est peut-être un peu exagéré de qualifier l'intervenant d'intrus dans la mesure où, s'il est là, c'est qu'il a été invité (même si certains ne souhaitent pas sa venue). Néanmoins, s'il est clair qu'on le sollicite pour son extériorité, celle-ci ne sera pas tolérable trop longtemps car il risquerait d'être rejeté, tel le greffon d'un organisme. Il devra donc, pour atteindre un degré d'intégration tolérable, faire rapidement preuve des facultés d'adaptation nécessaires.
2. Cette façon quelque peu provocatrice de transformer l'individu en un bien de consommation donne une dimension très matérielle à l'intervention ; elle identifie l'intervenant à un élément gravitant dans l'environnement extérieur qui, suite à des trajectoires parfois bien compliquées, pénètre au sein d'un système humain.

Afin de mieux percevoir le phénomène, pensons au mobile qui est attaché au plafond d'une chambre d'enfant. Si un des éléments de cet ensemble est agité, tous les autres bougent également.

En termes d'interventions réalisées dans un système humain, il s'agit donc de ne pas perdre de vue qu'elles n'ont pas uniquement un effet local, mais bien global.

La phrase *act locally, think globaly* résume bien l'attitude du systémicien.

Cet éducateur rencontre pour la première fois une famille. Sont présents la mère et les deux enfants (15 et 12 ans). Le père n'a pas été en mesure de se libérer pour se rendre à cette invitation, mais le rendez-vous a été maintenu. L'intervenant consacre près d'une heure à tenter de comprendre la situation-problème. Il propose en fin de séance de rencontrer l'adolescent, seul, la semaine suivante. Celui-ci ne se présente pas à l'entretien et ne prévient pas de son absence. L'éducateur téléphone chez les parents et c'est le père qui lui répond. Il dit qu'il ne voit pas l'utilité de ce rendez-vous et donc qu'il ne compte pas laisser son fils parler avec un étranger qu'il ne connaît même pas.

Ce consultant rencontre un administrateur de société qui envisage une restructuration et souhaite qu'elle s'opère de telle sorte que le département informatique devienne plus autonome qu'il ne l'est actuellement. Il a dirigé ce département et dit connaître parfaitement les besoins de cette équipe; donnant moult informations, il explique les raisons de cette option stratégique et demande au consultant et à son équipe de confirmer ou d'infirmer cette hypothèse de restructuration. L'intervenant s'interroge sur le délai d'exécution de la mission et sur la date à partir de laquelle il pourrait entreprendre ses travaux. Un peu embarrassé, l'administrateur lui demande de faire une offre, après quoi ils prendront une décision.
Dans la semaine suivant la réception, le consultant reçoit un coup de téléphone du président du conseil d'administration, visiblement irrité par le contenu de l'offre qu'il trouve stéréotypée et trop orientée vers une solution. Il attendait d'un

> bureau de conseil réputé un regard extérieur plus neutre et plus créatif. Il n'y aura pas de contrat.

Les effets de l'entrée au sein du système peuvent échapper au contrôle de l'intervenant et ce, notamment, parce qu'il ne lui est pas possible d'être partout. Cette impossibilité matérielle n'est pas un obstacle si l'intervenant est bien conscient du phénomène et s'il agit pour s'informer de ses conséquences.

Clés pour l'intervention

Comment imaginez-vous l'accueil réservé à mon intervention ?
Comment avez-vous présenté mon intervention au personnel ?
Quels sont les signes favorables ou défavorables à l'intervention ?
La mise sous tension du système provoque-t-elle des dysfonctionnements ?

L'autorégulation

L'input et l'output

Ce principe est d'une importance considérable dans les interventions au sein des systèmes humains. Son application pratique équivaut à garder présent à l'esprit le fait que tous les *inputs* adressés par l'intervenant au système provoquent, après traitement de ces derniers, des *outputs* qui sont appelés rétroactions. Celles-ci sont soit positives, soit négatives.

Les rétroactions ou informations en retour sont dites positives si elles confirment l'impulsion donnée par l'*input* (information entrante). Dans le cas contraire, on enregistre des *outputs* (informations sortantes) qui s'opposent à l'impulsion donnée par l'*input*, les rétroactions sont alors négatives.

Lors d'un championnat national de judo, ce père accompagne son fils pour la première fois. Dès le début du combat, le père s'évertue à l'encourager à grands cris. Alors qu'il est favori, l'enfant perd son combat; sorti du vestiaire, il demande à son père de ne plus se manifester de cette façon car cela le déconcentre (rétroactions négatives).

Au sein de cet hôpital, le sixième étage est occupé par le service pédiatrie. Depuis plusieurs mois, le service orthopédie, qui est au troisième, prend de l'extension. Son médecin directeur possède une telle renommée que les demandes affluent. C'est lui qui obtient du comité de gestion de l'hôpital l'autorisation d'occuper des lits du sixième et donc d'envahir quelque peu la pédiatrie. Cette décision est prise sans concertation avec les personnels impliqués. On constate que la coexistence des deux services est difficile. Les plateaux de soins sont utilisés de façon exagérément longue par le personnel de pédiatrie, ce qui pénalise l'orthopédie. Aucune solidarité n'est constatée, entre les personnels de soins, en cas de rush dans l'un ou l'autre service. On observe donc, à travers ces comportements, des réactions qui risquent de porter préjudice à la qualité des soins (rétroactions négatives).

Un nouveau système d'évaluation du personnel est implémenté; il nécessite une rencontre annuelle entre n et n+1. Les membres du personnel sont donc reçus individuellement et font part de leurs projets, sentiments, attentes et demandes en matière de formation… À la sortie de cet entretien, les gens se disent ravis (rétroaction positive).

Pour la première fois de sa scolarité, cet adolescent est en échec. Lorsqu'il présente son bulletin à ses parents, il est étonné de noter comme ceux-ci semblent affectés; sa mère verse quelques larmes et son père quitte rapidement la pièce sans commentaire (rétroaction négative). Cette réaction lui fait prendre conscience de l'investissement massif dont il est l'objet. Il décide en son for intérieur d'être plus studieux.

Le phénomène de renforcement ou non d'un *input* est fréquemment associé à la notion de changement et de résistance au changement. Sur ce plan, on observe souvent que le changement est connoté positivement et la résistance au changement négativement. Cette vision tronque la réalité. Le principe de l'autorégulation s'élève bien au-delà de cette vision manichéenne et réductrice. En effet, il insiste plus largement sur le fait que toute intervention, quelle que soit sa nature, est un *input* et que celui-ci s'inscrit dans une démarche dont les objectifs peuvent être très différents, et même contradictoires: le changement, la stabilité, l'évolution, la transformation, la non-évolution, la non-transformation, la pérennité ou l'arrêt.

Positif ou négatif, l'avis de l'intervenant ne doit pas lui faire perdre de vue, d'ailleurs, le caractère relatif de ce jugement de valeur et que ce qu'il importe, c'est de connaître la façon dont le système lui-même qualifie cet *input*. Pour certains, en effet, la stabilité sera vécue comme un changement alors que, pour d'autres, une transformation nouvelle sera vécue comme une menace.

Ce qui compte dès lors pour l'intervenant c'est de:

➤ Prendre en considération les inévitables rétroactions que son intervention va provoquer. Ainsi sera-t-il en mesure d'élaborer des stratégies d'action en temps réel, en phase avec les susceptibilités et les velléités propres au système.

➤ Se rendre compte du fait que le système lui-même est le seul à pouvoir utilement décider pourquoi l'*input* s'inscrit ou non dans un processus perçu comme étant positif ou négatif.

Dans cette famille de trois enfants, l'intervenant observe un fonctionnement très peu ouvert sur le monde extérieur. Pas d'activités sportives, de visites d'amis, de fréquentations de lieux publics, de loisirs en famille. Ce constat l'incite naturellement à conseiller aux parents d'inscrire les trois enfants dans des mouvements de jeunesse et il leur présente des formulaires d'inscription à cet effet. Les parents ne comprennent pas son empressement et freinent des quatre fers en arguant, parfois de façon peu convaincante, que cela leur est impossible. Ils diront qu'ils n'ont plus confiance dans cet intervenant.

Cette entreprise vient de vivre de nombreux changements. La direction générale a changé, un déménagement a eu lieu, modifiant la répartition des espaces de travail, le personnel a triplé en un an, des rumeurs de fusion se répandent. Sollicité par la nouvelle direction générale, le consultant est appelé afin d'organiser une communication interne permettant de rassurer les membres du personnel qui montrent des signes d'inquiétude. Après analyse de la demande, l'intervenant remet une proposition de travail essentiellement axée sur la mise en évidence d'éléments de stabilité dans ce contexte tumultueux. Sa proposition de type « non-changement » à travers une communication axée sur la stabilité (des valeurs culturelles, du personnel, des rituels) est bien reçue par le décideur et par le personnel.

Une formation est commandée par le directeur d'un service de transport public. Il souhaite que son personnel, auquel on reproche souvent un manque de tact et de courtoisie (*via* des plaintes), soit formé à l'écoute et à l'accueil de la clientèle. De leur côté, les travailleurs considèrent qu'ils subissent des brimades continuelles de la part du public et que cette forme d'irrespect est anormale. Une circulaire présentant cette formation est adressée à la centaine de personnes susceptible d'être intéressée. Trois s'inscrivent. Dans le même temps, les syndicats s'indignent et menacent d'organiser une grève.

La gestion des informations en retour

D'une façon générale, la vigilance accordée à la compréhension des informations renvoyées à l'intervenant peut devenir d'autant plus pertinente que celui-ci pourra compter sur un membre significatif du système humain avec lequel il travaille (voir la notion de référent du système).

Cela est doublement intéressant :

➤ La personne évoluant en permanence à l'intérieur du système est constamment à l'écoute de ces phénomènes (attitude de veille).

➤ Elle est en mesure de relativiser la valeur à apporter à telle ou telle rétroaction et ce, tout simplement parce qu'elle connaît le système auquel elle appartient.

Notons enfin que les modes de réactions, inéluctables dans tout processus d'intervention, peuvent être variables. Ils sont en tout cas propres au fonctionnement de ce système mis en branle par une intervention. On pourra donc observer des manifestations aussi différentes que le questionnement, les demandes d'explication, l'appel à la direction, la médiation du syndicat, la mise en place de procédures, les bruits de couloirs, les rumeurs, les écrits, etc. Ces manifestations sont sous-tendues par des émotions ou des sentiments tels que l'agressivité, le mutisme, la peur, l'indignation, l'humour, la dérision, la disqualification, l'enthousiasme, la nervosité, la joie, l'envie de changement, etc. Chacun des systèmes rencontrés possède ainsi son propre mode de fonctionnement qui révèle la façon dont il se régule.

Dans l'exemple qui précède, on remarquera que la réaction du syndicat exprimant un sentiment d'indignation est propre à ce contexte organisationnel. L'intervenant peut ainsi noter que la déstabilisation de ce système l'amène à faire appel à la structure de défense des travailleurs, laquelle relaie facilement, et sans prendre de distance, les sentiments des travailleurs. C'est une information digne d'intérêt, car elle pourra donner à l'intervenant des pistes pertinentes pour la suite de son travail (voir anticipation *via* les règles du système).

Le système significatif

Lorsque l'intervenant est amené à agir au sein d'un système, il peut légitimement se demander comment le circonscrire. Entre une approche globalisatrice, que l'on peut qualifier de macro-systémique, et une approche plus réduite, ou micro-systémique, il y a lieu de trouver un juste milieu. La tendance à vouloir trop étreindre est fréquente, mais « qui embrasse trop… ».

Certes, cette question ne se pose pas dans toutes les interventions, ou en tout cas pas de la même manière. En effet, si l'on est amené à travailler avec le système famille, avec le système composé par la classe d'étudiants, avec une équipe de travailleurs sociaux ou encore avec un groupe de cadres, on est, d'emblée, confronté à un système considéré comme significatif. En revanche, si on travaille avec un adolescent, un directeur ou un responsable du personnel, etc., on doit rester vigilant et veiller à resituer cette personne dans le système plus large auquel il appartient. Cette délimitation du système significatif permet d'associer, étroitement et le plus rapidement possible, les personnes qui sont les plus en lien avec l'interlocuteur.

Clés pour l'intervention

Qui d'autre que vous s'intéresse à cette question?
Avez-vous déjà eu l'occasion d'en parler à un de vos collègues?
Qui serait prêt à donner de son temps pour nous aider à comprendre ce qui se passe?
Tes parents savent-ils que tu es ici?
Comment pouvoir compter sur les personnes en qui vous avez confiance?
Qui travaille à cette question?

La fonction du symptôme

Pour ceux qui ne sont pas férus de systémique appliquée au système familial, il me paraît intéressant de parler de ce concept. Au risque de paraphraser un grand nombre d'auteurs éminents dans le domaine, je dirais que cette notion est utile dans l'intervention car elle pose un regard différent sur ce que l'on a coutume d'appeler le symptôme. Par là, il faut entendre, au sens large, la plainte, la souffrance, le dysfonctionnement, la dépression… d'un des membres du système, voire, suivant notre raisonnement, d'un sous-système présent au sein du système plus large que représente l'organisation.

Au sein de cette famille, une jeune fille (enfant unique) de 18 ans vient de faire une tentative de suicide (symptôme). Elle a avalé des médicaments puis, se sentant mal, elle a paniqué et appelé sa mère à l'aide avant de sombrer dans un sommeil profond. Emmenée en urgence à l'hôpital, on lui fait un lavage d'estomac et on lui conseille de consulter un psychologue.

Lors du premier contact, l'intervenant, psychologue, proposera une rencontre en famille. Le travail est difficile, la fille prétend qu'elle va mieux. Elle ne veut pas parler devant ses parents. Ceux-ci expriment leur désarroi et leur crainte que cela ne se reproduise. Lorsque l'intervenant interroge la dynamique du couple, il note que la jeune fille se crispe, alors que les parents répondent qu'ils forment un couple uni. Le processus de travail prendra une tout autre tournure lorsque la jeune fille se libérera du lourd secret qu'elle porte. En effet, elle a surpris une conversation téléphonique entre son père et une dame, qu'elle soupçonne être sa maîtresse. Angoissée à l'idée d'une séparation et culpabilisée de ne pas pouvoir résoudre ce problème, elle a fui dans ce passage à l'acte désespéré.

Ce consultant est appelé dans cette organisation non marchande. S'y côtoient des intervenants sociaux qui travaillent en plusieurs équipes constituées. La demande de la direction est de réaliser des séminaires susceptibles de motiver à nouveau son personnel. Lors de l'analyse de la demande, l'intervenant vérifie le taux d'absentéisme du personnel. Les chiffres sont ahurissants. Depuis un an, les équipes n'ont plus fonctionné avec un personnel au complet. Avant d'envisager la mise en place de séminaires, l'intervenant propose au directeur une première phase d'investigation, équivalant à deux journées de travail.

Au cours de celles-ci, il fait le tour des équipes et rencontre, individuellement, les travailleurs qui le souhaitent. Il parvient ainsi à relire le symptôme de l'absentéisme; celui-ci n'est pas lié à un manque de motivation mais correspond, en fait, à une absence de réponse de la direction face à la demande de dialogue du personnel. Le poste de directeur étant occupé par une personnalité politique « parachutée », sans aucune expérience de terrain. Absent lors des réunions pédagogiques, il prend des décisions qui manquent tragiquement de pertinence.

Ce formateur donne des cours de management d'équipe à des responsables du personnel. Ces derniers ont reçu l'offre de formation *via* le siège central; elle est obligatoire pour les responsables qui souhaitent une valorisation de leur salaire.

Six groupes de formation sont prévus. Le premier est constitué et, dès le premier jour, le formateur présente son programme (négocié avec le siège central). Certains membres du groupe réagissent immédiatement; ils n'ont pas été consultés et aucune analyse des besoins en matière de formation n'a été réalisée correctement. Le formateur suit néanmoins son programme. Le deuxième jour, les membres du groupe discutent au déjeuner et décident que deux d'entre eux interpelleront de nouveau le formateur sur le contenu dispensé. Dès le début d'après midi, ils précisent qu'ils souhaitent aborder des situations concrètes. Le formateur leur répond qu'il l'entend bien mais qu'il a pris des engagements avec le commanditaire pour traiter certains chapitres théoriques concernant, notamment, la gestion du temps, celle des conflits, les techniques de réunions, etc. Il passe donc cet après-midi comme il l'avait prévu. Dès le troisième jour, il constate que seule la moitié des participants est présente à l'heure, les autres arrivant dans le courant de la matinée. Il est alors confronté à des remarques de plus en plus acerbes tandis qu'au sein du groupe certains se désintéressent ostensiblement de ce qu'il raconte. Il tente de les rappeler à l'ordre, mais ses remarques provoquent un tollé général.

> Au terme de cette formation, une évaluation orale est réalisée. Les propos sont virulents; la grande majorité du groupe reproche au formateur de n'avoir pas pris en considération les demandes exprimées et, pire, d'avoir témoigné de son incompétence à utiliser tous les outils théoriques prodigués pour gérer ce qui se passait au sein du groupe. Une lettre collective vilipendant le formateur est alors adressée au siège central, qui interrompt son intervention et résilie son contrat.

Ce dernier exemple montre que l'intervenant s'est montré négligent dans le cours de sa formation et qu'il n'a tenu compte d'aucune manifestation de mécontentement. Il est allé droit dans le mur. L'idée de base consiste donc à dire que, si un des éléments du système est en difficulté, on se trouve devant un signe, une manifestation, une réaction qu'il s'agit de prendre en considération sous l'angle de la fonction représentée par ce symptôme. La fonction la plus courante étant d'assurer, à grands frais parfois, la protection du système.

Il nous paraît très utile de garder à l'esprit cette notion, dans la mesure où l'intervenant peut constater l'existence de tels phénomènes par sa seule entrée, sa seule intrusion dans le système. On se trouve alors dans le cas de figure où l'adaptation à l'étranger génère un ou des symptômes au sein d'un système aux règles trop rigides. Il faut être vigilant dès l'apparition de telles manifestations.

La fonction du symptôme autorise la formulation d'hypothèses explicatives. Passons-les en revue :

➤ Une personne souffre au sein d'un système, donc ce système souffre.

➤ La personne qui souffre appelle à l'aide pour un autre membre du système, lequel serait plus fragile.

➤ Le système, dans son entier, est régi par des règles rigides qui ne permettent pas l'évolution de chacun sans menacer l'équilibre de l'ensemble. L'apparition du symptôme serait le signe de ce dysfonctionnement.

➤ Le symptôme est, pour le moment, la meilleure solution trouvée par le système pour passer à travers une crise momentanée.

➤ Le symptôme existe depuis de longues années dans le système, et il permet à ses membres de ne pas parler de choses plus graves.

Qu'observons-nous ? Une série d'hypothèses non exhaustive qui possèdent, toutes, cette propriété originale de jeter un regard neuf, différent et alternatif sur le phénomène observé. Cette façon de relire différemment une réalité s'inspire de la technique du recadrage[1]. Elle a pour vertu de faire en sorte qu'une fois formulée devant le système, celui-ci n'est plus en mesure d'appréhender le sens du symptôme de la même façon. Ce faisant, l'intervenant introduit de la créativité dans le système en difficulté[2].

Les règles du système

Leurs caractéristiques

Tout système humain qui possède une histoire commune a eu l'occasion de générer des règles de fonctionnement, dont certaines sont évidentes à saisir. Elles sont, comme on l'a compris, claires, visibles, identifiables et sont souvent exprimées par les membres du système. Celles qui sont le

---

1. Concept développé chez Watzlawick.
2. La technique de recadrage est certes intéressante mais elle n'est pas la panacée, surtout si l'intervenant considère que son intervention est profitable par le seul fait d'avoir connoté différemment un symptôme. Nous pensons qu'il s'agirait là d'une erreur, dans la mesure où ce qui nous semble le plus intéressant, ce n'est pas tant d'être créatif mais d'être en mesure de gérer les effets que cette créativité va produire sur le système.

plus rapidement perçues par l'intervenant sont celles qui opèrent, dès le premier contact, avec le système. À ce moment, en effet, un mode opératoire précis est souvent expliqué à l'intervenant qui, s'il veut pouvoir entrer en relation avec le système (dans une logique d'offre), devra, le plus souvent, s'y conformer de façon rigoureuse.

> Ce consultant veut rencontrer le responsable de formation (D) d'une société bancaire. Il possède son nom, son numéro de téléphone professionnel et sait, par indiscrétion, qu'il est à la recherche d'un spécialiste dans la communication interne. Il téléphone et entre en contact avec une personne qui se nomme : « Je suis madame V, secrétaire de monsieur D. »
> L'intervenant demande à lui parler mais la secrétaire s'inquiète de savoir s'ils ont un rendez-vous téléphonique ou s'il connaît monsieur D. Le premier explique alors son souhait de s'entretenir avec lui, puis parle de sa société et de ses produits en matière de communication. La secrétaire prend alors les coordonnées du consultant et lui demande d'adresser un mail pour expliquer les motivations de sa démarche auprès du responsable de formation. Elle communique son adresse e-mail personnelle, dit qu'elle transmettra, qu'il aura des nouvelles. Le consultant insistant pour parler personnellement quelques minutes à monsieur D, elle répond avec aplomb qu'il est en réunion et qu'il ne peut être dérangé. L'intervenant salue poliment la secrétaire et termine la conversation.

Une brève analyse fait apparaître que de réelles règles de protection semblent exister pour éviter toute intrusion dans ce système. En effet, la procédure à suivre pour communiquer avec monsieur D[1] est fastidieuse, si on en juge par le barrage réalisé par sa secrétaire. Cela tient du parcours du combattant.

---

1. Il n'est pas rare d'observer ce type de paradoxe, à savoir qu'un responsable de la communication a mis en place des règles empêchant toute communication ! Il est normal, me direz-vous alors, qu'il rencontre des problèmes de communication interne.

Clés pour l'intervention

Comment se fait-il qu'une logique d'offre directe semble à ce point faire peur ?

Le moyen d'entrer en contact avec ce système n'est pas adéquat. Quels sont les autres moyens ?

Ce barrage n'indique-t-il pas tout simplement que l'interlocuteur n'est pas le bon ? Qui décide dans ce système ?

La personne qui a donné l'information (cette « indiscrétion ») est-elle fiable ?

Ce premier contact avec la secrétaire signifie-t-il que l'intervenant est confronté à un système très fermé ?

Ce système est-il fréquemment démarché par téléphone ?

D'autres consultants auraient-ils laissé de mauvais souvenirs à ce système ?

D'autres règles, moins claires parce que moins visibles, voire cachées, s'expriment dans le cours de l'intervention. Dans le meilleur des cas, cela donne l'occasion au système d'expliciter la règle, ce qui permet une adaptation de l'intervention. La première attitude qui s'impose, en effet, à l'intervenant est de la respecter[1].

> Nous sommes dans le cadre d'un projet d'autonomie d'un adolescent de 17 ans, fils unique. Les parents ont accepté ce projet, moyennant l'intervention d'un éducateur spécialisé dans ce type d'accompagnement. Lors d'une des rencontres avec le jeune et la maman (le père étant retenu au travail), l'éducateur informe ses interlocuteurs qu'un studio a été trouvé et que le loyer est de 250 euros par mois, auxquels il convient d'ajouter deux mois de caution. Il donne toutes les informations pratiques à la mère, lui propose de venir visiter le studio avec le papa,

---

1. Aller contre la règle *ex abrupto* ne se justifie selon moi que dans les situations d'intervention où l'intégrité morale ou physique des personnes est menacée. Il y va alors de la responsabilité de l'intervenant de faire appel à qui de droit pour dénoncer des pratiques relationnelles ne respectant pas la dignité humaine. Cela s'observe autant dans les familles (dans lesquelles on découvre des règles d'hygiène, d'intimité, qui sont inacceptables) que dans des systèmes humains dont les règles de fonctionnement mettent gravement en péril la santé mentale ou physique d'un ou plusieurs individus.

49

mais il constate qu'elle semble désemparée lorsqu'il s'agit de prévoir rapidement un rendez-vous en famille avec le propriétaire. Étonné, il lui demande ce qui la contrarie. Elle répond que tout ce qui concerne le budget de la famille est géré par son mari et qu'elle n'est pas en mesure de décider quoi que ce soit si celui-ci n'a pas donné son accord sur la contribution financière. La règle, ainsi explicitée, donne à l'intervenant une information précieuse. Il faut aller plus lentement et prévoir un entretien préalable en présence du papa.

Au sein de cette structure de consultants, il existe une hiérarchie entre les seniors et les juniors, ces derniers travaillant dans des missions gérées par un senior. Différentes missions se mènent de front, ce qui demande, de la part de chacun, beaucoup de rigueur. Un nouveau consultant senior, responsable d'une mission, se trouve dans une situation d'urgence. Il doit fournir un rapport à son client 48 heures plus tôt que prévu, ce dernier ayant dû avancer son départ à l'étranger pour des raisons indépendantes de sa volonté. Le consultant senior (responsable de mission), récemment engagé dans la société, est ainsi soumis à cette contrainte inattendue. Il décide donc de solliciter l'aide d'un junior (monsieur A) en renfort. Il parvient ainsi à boucler son rapport *in extremis*. Cependant, dans les jours qui suivent, il reçoit un mail d'un autre responsable de mission l'informant qu'il a été mis personnellement en difficulté, n'ayant pu compter sur l'assistance de monsieur A occupé par « un autre projet urgent ». Ce consultant rappelle à son nouveau collègue la règle selon laquelle chaque junior est placé sous la responsabilité d'un senior et que c'est à ce dernier qu'il convient de demander si le junior est disponible pour une autre mission. Le nouvel arrivé explique que son affaire était si urgente que la règle lui avait semblé pouvoir être contournée; il lui est rétorqué qu'on ne peut déroger à cette règle au risque de mettre en péril tous les contrats (par enchaînement). L'incident est clos.

La règle a été rappelée; elle est maintenue. On peut en ajouter une autre, implicite, à savoir que chaque responsable de mission a la responsabilité de la mener à bien. Ainsi, s'il s'engage vis-à-vis de son client à produire un travail dans un certain délai, c'est à lui et à son équipe de s'acquitter de cette tâche, d'une façon ou d'une autre.

De l'utilité des règles

La modification de la règle ne doit s'envisager que si, et seulement si, la dynamique du système, dans sa globalité, a été appréhendée par l'intervenant. Dans tous les cas, la règle a deux fonctions essentielles :

➤ Une fonction de consolidation, d'homogénéisation d'un ensemble d'individus. Elle repose sur des valeurs qui fondent la culture d'entreprise.

➤ Une fonction économique, dans le sens ou la règle évite de se poser des questions, de faire preuve de créativité ou de chercher de nouvelles solutions face à une situation qui, identifiée par le système comme similaire à d'autres, est gérée de la même façon.

Cela étant, toute modification décrétée brutalement peut être source d'anxiété pour le système. Il s'agit donc d'agir en connaissance de cause et progressivement, dans une perspective d'évolution.

L'explication circulaire

Notre système de pensée est largement inspiré par le raisonnement linéaire, celui-ci se fondant sur la séquence suivante :

> Si le phénomène A précède le phénomène B,
> c'est que A est la cause de B.

Ce raisonnement s'avère tout à fait pertinent lorsqu'il s'agit d'expliquer des phénomènes simples :

- A pousse une boule, la boule roule.
- A frappe un clou avec un marteau, le clou pénètre le bois.

- A jette une pierre dans l'eau, la pierre coule.
- A actionne un interrupteur, la lampe s'allume.

Dans chacune de ces circonstances, c'est bien A qui est la cause de ce qui suit (le roulement, le clou dans le bois, la pierre dans l'eau, la lampe allumée). Il s'agit d'une relation simple entre un individu et un objet. Cela l'est beaucoup moins lorsqu'il s'agit d'approcher des relations entre individus, lesquelles sont, par nature, bien plus complexes. Or, nous l'avons compris, l'intervention auprès des systèmes humains fait partie de ces relations qui possèdent plusieurs niveaux de complexité. Il nous faut donc aborder celle-ci différemment.

C'est ainsi que l'explication circulaire tente d'échapper à la logique de causalité linéaire, en proposant une autre vision de la situation. Celle-ci interroge ce qui se passe entre A et B en se préoccupant de la relation qui existe entre les deux acteurs (A et B). On est ainsi amené à ne plus voir les choses sur la ligne du temps, mais plutôt comme un tout pouvant être représenté par une boucle.

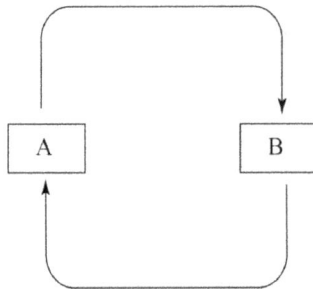

Dès lors, et c'est là que le résultat est intéressant sur le plan de l'attitude de l'observateur extérieur qu'est l'intervenant, cette explication ne cherche plus de cause ; ce faisant, si plus de cause, plus de coupable. On sort ainsi plus facilement d'une logique qui génère des processus de culpabilisation.

Exemple de double explication linéaire

Dans un sens

A —————————————————→ B

Un mari crie sur sa femme qui se tait :

- A crie sur B,
- A est le coupable,
- B la victime.

Mais A n'accepte pas cette analyse, il se fâche, il n'est pas coupable.

Dans l'autre sens

B —————————————————→ A

A explique que s'il crie sur elle, c'est parce qu'elle ne dit rien. Elle sait que ce silence l'énerve et elle fait exprès de ne rien dire pour l'exciter. Donc sa version devient :

- B se tait, donc agresse A qui crie.
- B est le coupable.
- A est la victime.

Constat rapide : ils ont tous les deux raison. Si l'on dit à l'un qu'il a raison, on nie la version de l'autre et réciproquement ; de plus, celui qui s'entendra dire que sa version n'est pas la bonne aura tendance à être très en colère vivant cela comme une injustice.

Vers une explication circulaire

Si cet exemple simple ne donne pas la juste mesure de la complexité des relations existant dans les systèmes humains, il a le mérite de nous faire toucher du doigt l'intérêt qu'il y a à approcher ces phénomènes sous l'angle de la relation. Le regard circulaire y contribue, dans la mesure où il rend compte d'un mouvement, d'une sorte de danse entre deux individus (ici les membres d'un couple). Il donne à l'intervenant une position moins partisane, moins susceptible d'entrer en alliance avec l'un ou l'autre des individus. En fait, en s'intéressant à la relation, celui-ci s'intéresse aux deux en même temps. C'est équitable et donc profitable à chacun.

L'approche systémique à travers sa vision globale pose son regard sur la circulation des relations présentes dans le système.

Éviter l'écueil de la naïveté

Ne tombons pas dans l'angélisme. Il est clair que l'intervenant peut être le témoin de relations de cause à effet. Il doit en tenir compte car elles existent bel et bien. À titre d'exemple, nous pouvons évoquer :

- une entreprise dont un département est en péril à cause d'une mauvaise gestion avérée ;
- un membre du personnel qui pleure lors d'une réunion car il vient de perdre un parent proche ;
- un consultant qui roule trop vite et qui est victime d'un accident en dérapant sur le sol humide ;
- un enfant de 4 ans qui tombe d'un arbre et se blesse ;
- une dame âgée qui trébuche sur le trottoir et se casse le col du fémur ;

- un client qui se plaint parce que le rapport traduit en allemand comporte des fautes ;
- un parent qui donne une fessée à son enfant parce qu'il n'écoute pas ;
- un adulte diabétique qui tombe dans le coma parce qu'il s'est injecté trop d'insuline.

Dans chacune de ces situations, il existe une cause réelle déterminée. Il ne s'agit donc pas de fermer les yeux sur cette causalité mais d'en tenir compte et, concomitamment, d'enrichir l'analyse en s'interrogeant, notamment, sur le contexte ; cela afin de donner un sens particulier et original à cette observation d'une telle relation, tout à fait incontestable.

Reprenons les exemples ci-dessus et formulons des exemples de questions qui interrogent le contexte dans lequel sont apparus ces phénomènes ou bien qui posent différemment la question de la causalité :

➤ Comment se fait-il que cette gestion ait été confiée à cette personne ? Qui avait la responsabilité du recrutement ? Ne faut-il pas revoir le système en vigueur ?

➤ Pourquoi cette personne ne s'est-elle pas permise de demander un congé ce jour-là ? Comment ce système organisationnel prend-il soin de ses membres ?

➤ Comment se fait-il que ce consultant soit à ce point stressé, qu'il en oublie les règles de sécurité ? Est-ce du stress, de la fatigue ?

➤ Qui était censé surveiller cet enfant ? Est-ce un enfant turbulent, susceptible de se mettre en danger ? Qui a laissé l'échelle près de l'arbre ?

➤ Avec qui vit cette dame ? Ne peut-on faire ses courses à sa place ? Avait-elle pris des médicaments qui ont provoqué des troubles de l'équilibre ?

➤ Dans quelles conditions s'est réalisée cette traduction ? Qui en a assuré le suivi ? Les références du traducteur étaient-elles valables ?

➤ Quels sont les moyens utilisés par ce parent pour se faire écouter ? La fessée est-elle justifiable ? Comment réagit l'enfant ?

➤ Cette personne maîtrise-t-elle bien la technique des dosages ? Qui avait remarqué des signes avant-coureurs ? Son diabète se serait-il brusquement modifié ?

En fait, l'intérêt de ces questions est d'attirer l'attention sur des pistes de compréhension possibles, qui permettent de relativiser l'importance de la cause et, partant, aident à échapper à une démarche culpabilisante rarement productive[1].

Se méfier de l'utilisation abusive de l'intervenant

La tendance générale consiste à solliciter fréquemment un intervenant externe pour s'opposer, résister ou contrecarrer une autre personne ou un autre système. Le client, la plupart du temps enfermé dans une logique de causalité linéaire, a tout de suite identifié les acteurs qui ne « jouent » pas comme il le souhaiterait. Ce sont eux les fautifs ; sans eux, cela irait mieux. L'appel est alors un appel à la coalition qu'il est parfois bien difficile de déjouer[2]. Cela étant, l'une des difficultés majeures de cette utilisation de

---

1. Au sens de propice à installer une relation de travail.
2. Il ne s'agit pas de comprendre cette remarque comme signifiant que « la bonne » intervention est celle qui permettra d'échapper à cette définition, à ce rôle proposé, voire imposé à l'intervenant. Mon propos est simplement d'attirer l'attention sur cette dynamique particulière et de laisser à chacun le soin, s'il le souhaite, de tenter de changer de place, la première étant habituellement plus propice au maintien du *statu quo*. Si la stabilisation est parfois nécessaire à la santé d'un système, il peut être d'un point de vue stratégique très intelligent d'occuper cette place. Par ailleurs, d'aucuns connaissent l'intérêt qui réside également à occuper d'abord une place pour, par la suite, tenter de s'en dégager afin de viser d'autres objectifs : ils sont à l'intérieur du système, ce qui représente un avantage.

l'intervenant par le client réside dans ses effets directs; elle provoque, notamment, chez les « autres » (c'est le cas dans l'exemple du couple) un profond sentiment d'injustice, ce qui peut avoir de lourdes conséquences sur le plan de la crédibilité si l'intervention se poursuit et s'étend. Dans le cas contraire, moins dramatique, l'intervenant se retire du système sans bruit une fois sa mission spécifique accomplie.

Lors d'une intervention de conseil, des consultants rencontrent les décideurs; faisant le bilan du travail accompli, ils font remarquer que certains directeurs ont fait de gros progrès dans leur gestion mais que d'autres sont toujours réfractaires au modèle nouveau. Ces derniers confient qu'ils n'y ont pas souvent recours. De plus, s'ils présentent des résultats financiers insatisfaisants, ils s'empressent de les justifier sous prétexte qu'ils ne bénéficient pas des mêmes privilèges que leurs confrères (les bons élèves).

Les décideurs se refusent à prendre en considération ce genre d'argument. Ils demandent aux consultants de convaincre les réfractaires en les rencontrant individuellement. Peu convaincus de leurs chances de réussir un tel exercice de persuasion, les consultants saisissent cette opportunité de contact en la positivant. Ils suggèrent aux décideurs d'adresser aux directeurs récalcitrants un courrier leur expliquant l'intérêt qu'ils auraient à bénéficier de leur point de vue sur le nouveau modèle de gestion. Ils précisent que, dans un deuxième temps, ils pourront peut-être envisager une réunion entre deux groupes de quelques directeurs choisis parmi les plus positifs et les plus enclins au dialogue. Les clients acceptent la démarche; ils exigent cependant que l'un d'eux soit présent lors de cette rencontre.

Ce bureau a réalisé pour ce client de nombreuses interventions. Il a chaque fois démontré une grande capacité à évoluer dans l'entreprise sans provoquer trop de résistances de la part des membres du personnel. L'image du bureau est donc celle de consultants respectueux des membres du personnel, travaillant sur un mode participatif et transparent, tout cela en parfaite harmonie avec la direction générale.

Le contexte dans lequel cette entreprise évolue devient menaçant. Des subsides publics, qui lui sont nécessaires, sont remis en question. Un audit est commandé ; il tombe comme un couperet. Le bureau de consultant est sollicité afin de réaliser une partie de la mission. Celle-ci se passera difficilement ; le personnel, sous tension, s'étonne de trouver les consultants, en qui ils avaient une certaine confiance, « compromis » dans des interventions de type audit. Certains membres de ce personnel parleront de trahison.

CHAPITRE 4

LES ACTEURS DE L'INTERVENTION

Préciser la nature des fonctions de chaque acteur favorise la maîtrise de l'intervention dans sa complexité et offre un meilleur confort de travail.

Nous ne nous attarderons pas dans ce chapitre sur l'intervenant, personnage central de cet ouvrage. Mais nous résumerons ainsi sa fonction :

> L'intervenant vient de l'extérieur
> afin de fournir une aide à un système donné.

Le prescripteur

Le prescripteur est la personne qui conseille un intervenant extérieur au système demandeur jusqu'à influencer le choix de celui-ci. Cette influence détermine, en tout ou en partie, les raisons qui ont justifié le choix de l'intervenant. Le rôle du prescripteur est donc prépondérant pour appréhender l'offre. En effet les informations reçues par le prescripteur induisent la position prise par l'intervenant dès le début de l'intervention.

L'influence du prescripteur s'exerce durant cette période « silencieuse » qui précède parfois de beaucoup le premier contact. Elle correspond au temps d'élaboration de la demande.

Une question de confiance?

Cherchant à préciser la nature de la recommandation, je me souviens avoir parfois été tenté de parler d'une « prescription de confiance ». Pratiquement, je pense que le prescripteur joue plutôt le rôle d'un entremetteur, d'un *go between*; s'agissant de confiance, le demandeur aura simplement l'assurance de ne pas perdre son temps en sollicitant l'intervenant désigné par le prescripteur. En réalité, il s'agit de ne pas donner une importance démesurée à la prescription, sans toutefois la banaliser.

Il est facile d'imaginer les particularités de chaque prescription selon que le prescripteur est :

- un ami de la famille de l'intervenant,
- un ancien étudiant,
- un parent,
- un ancien client,
- un professionnel qu'il admire,
- un professionnel qu'il n'estime pas,
- un collègue de travail,
- une relation personnelle,
- une association de professionnels,

- un professionnel d'institution de formation (interface),
- une personne connaissant une autre personne, elle-même en relation avec l'intervenant...

Clés pour l'intervention

Qui vous a donné mon numéro de téléphone ?
Savez-vous pourquoi votre « ami » a pensé que je pouvais vous être utile ?
Connaissez-vous la nature du travail que j'ai eu l'occasion de faire avec monsieur A (le prescripteur) ?
Quelles sont les raisons pour lesquelles vous vous êtes adressé à moi ?
Aurez-vous l'occasion de revoir prochainement monsieur A ?
Pensez-vous que votre problème est du même type que celui de monsieur A ?
En quoi votre organisation est-elle identique à celle de monsieur A ?

Ce formateur réalise des supervisions collectives auprès de travailleurs sociaux, dans le cadre de formations où se retrouvent des professionnels appartenant à des institutions différentes. Il développe un certain nombre de concepts et formalise une méthodologie de travail. À l'issue des trois jours de formation, l'évaluation est positive. Deux ans après, un des membres du groupe de formation reprend contact avec le formateur afin de connaître ses disponibilités en matière de supervision d'équipe, car un de ses amis lui a demandé le nom d'une personne fiable.

Ce bureau de conseil a mené avec succès un processus d'évaluation du personnel au sein d'un service public. Les responsables du ministère concerné demandent à ce même bureau de réaliser un travail identique dans un autre département.

Cette épouse traverse une crise éprouvante car elle vient de se séparer de son mari ; elle décide de se confier à sa voisine, professionnelle de l'aide sociale. Lors de leur entretien, elle émet l'idée de faire appel à un psychologue et prie sa voisine de lui recommander une personne de confiance. Celle-ci évoque alors un professionnel compétent rencontré à l'occasion d'un séminaire.

Ce bureau de conseil a eu l'occasion d'effectuer une intervention avec un bureau d'audit. La coopération a été très positive, chacun respectant les compétences de l'autre, tout en travaillant en synergie au seul bénéfice du client. Cette collaboration leur a permis de constater qu'ils partageaient beaucoup de valeurs et qu'ils avaient eu plaisir à travailler ensemble. Depuis, en fonction de leurs compétences respectives, les deux bureaux se recommandent mutuellement auprès de leurs clients et de leur réseau professionnel.

Une façon d'y voir plus clair

Ces exemples sont volontairement simples et donc réducteurs par rapport à certains contextes professionnels qui ne permettent pas de préciser le sens de la prescription. Dans ces cas-là, il est recommandé de ne pas s'acharner à vouloir démêler l'inextricable mais plutôt de garder à l'esprit que cette prescription exerce sans doute une influence sur le début de la relation.

Concernant ma propre compréhension de ces prescriptions et au regard de mon expérience, j'observe que plus le prescripteur connaît personnellement l'intervenant et le client, plus la rencontre à des chances d'être intéressante et riche sur le plan intellectuel, et ce, même si la relation ne débouche pas sur un contrat.

Le décideur

Sa fonction est de première importance parce que de lui ou d'eux (conseil d'administration, comité de direction, etc.) dépend la contractualisation de l'intervention; il convient donc d'identifier le décideur le plus rapidement possible afin de ne pas se méprendre sur le rôle joué par des intermédiaires et sur leur capacité à influencer le choix de l'intervenant.

Des questions simples et précises sont souvent nécessaires afin d'éclairer le dédale du processus décisionnel.

Clés pour l'intervention

Questions susceptibles d'être posées à l'interlocuteur rencontré:
Qui prend la décision de choisir l'intervenant?
Aurai-je l'occasion de rencontrer le directeur général?
Le conseil d'administration est-il favorable à l'intervention d'une ressource extérieure?
Quelle est la procédure de désignation?
Avez-vous le pouvoir d'engagement?
À qui devrai-je rendre des comptes et quand?

La prise en compte de la distance (quasi géographique) séparant celui qui formule la demande (le demandeur, voir l'exemple ci-après) de celui qui détient le pouvoir (le décideur) est parfois nécessaire pour évaluer les chances de concrétiser rapidement.

Ce responsable syndical rencontre un formateur spécialisé dans la gestion des conflits en entreprise. Intéressé par ses outils d'intervention, il sollicite une entrevue au cours de laquelle il révèle que le climat de travail de l'entreprise étant très tendu, il doit continuellement, en sa qualité de contremaître et de délégué syndical, ménager la chèvre et le chou entre ses collègues et les cadres; il demande au formateur de lui faire une offre d'intervention destinée à aider ses collègues contremaîtres à surmonter ces difficultés. Lorsque l'intervenant demande à qui appartient la décision de solliciter une ressource extérieure, le syndicaliste répond qu'il ne connaît pas le nom de cette personne mais qu'elle travaille au siège central (situé à 100 km de là); il précise qu'au préalable il conviendra d'adresser le projet au responsable adjoint des ressources humaines, présent seulement deux fois par semaine dans l'entreprise. En outre, il demande au formateur de ne pas évoquer cette conversation et de faire une offre appropriée et spontanée, le syndicaliste ajoutant qu'il lui sera ensuite plus facile d'aborder un tel projet en interne... Le formateur se dit touché par cette demande mais suggère à son interlocuteur de prendre encore un peu de temps afin de valider les possibilités réelles d'une formation dans ce contexte.

Un contact est pris par ce directeur d'institution pour une demande de supervision au sujet de laquelle il déclare avoir le feu vert du conseil d'administration et disposer d'un certain budget. Les détails techniques étant très vite réglés, la discussion s'engage sur les enjeux, les objectifs et le processus. Une semaine après, l'intervention peut commencer dans de bonnes conditions.

Cet adulte travaille comme bénévole dans un club sportif. Il accompagne les jeunes à des matchs de football. Ce samedi-là, il remarque qu'un des joueurs, particulièrement taciturne, semble avoir un problème. Afin d'en savoir plus, il s'approche et lui propose son aide. Ce dernier confie que ses parents vont se séparer et qu'il en est très triste. L'adulte lui recommande de se faire aider mais le jeune ne sait comment s'y prendre. Avec son accord, l'adulte se charge alors d'en parler à l'entraîneur qui suggérera au père que son fils devrait consulter. Mais il s'avère que le père est lui-même en détresse et dans l'impossibilité de comprendre la proposition qui lui est faite; il se raidit et conseille à l'entraîneur de se mêler de ses affaires. Sur le chemin du retour, le père interroge son fils qui nie avoir eu un entretien avec qui que ce soit. Il n'y aura pas de consultation.

Le demandeur

Il s'agit de l'acteur qui formule la demande à l'intervenant. Se contenter de cette simple définition équivaudrait à en ignorer la portée réelle. La liste, non exhaustive, des différents profils de demandeurs rend compte, ci-dessous, de la complexité de l'action.

Il est notamment important de distinguer le demandeur et le promoteur du projet :

Le promoteur est celui (ou ceux) qui a travaillé en amont sur le projet d'intervention (il est exportateur de l'idée) ou qui a contribué à améliorer le contexte[1] afin qu'il soit propice à une intervention.

En effet, il convient de faire la différence entre :

- le demandeur qui est en même temps le promoteur du projet,
- le demandeur qui est le décideur sans être le promoteur,
- le demandeur qui, n'étant pas le promoteur du projet, agit par délégation,
- le demandeur qui ne connaît pas le projet,
- le demandeur qui n'adhère pas au projet,
- le demandeur qui ne se sent pas concerné par la demande,
- le demandeur qui a choisi l'intervenant extérieur,
- le demandeur auquel on a imposé l'intervenant extérieur.
- le demandeur, « objet de l'intervention ».

Six mois après sa prise de fonction, il apparaît au nouveau directeur de cette institution que le service administratif, géré

---

1. Il peut paraître étonnant de qualifier de promoteur celui ou celle qui a permis l'instauration d'un contexte favorable. Et pourtant, il s'agit là d'un élément d'une importance considérable, augmentant de façon déterminante les chances de réaliser un projet.

jusqu'alors par un responsable ayant fait fonction de directeur, ne dispose pas d'outils informatiques efficaces. Fort de son expérience de collaboration avec une société de conseil spécialisée en bureautique, le nouveau directeur demande au responsable administratif de prendre contact (de sa part) avec eux pour étudier la possibilité d'implémenter de nouveaux outils susceptibles de simplifier les procédures.

Le consultant rencontre le responsable administratif (demandeur) dans l'institution mais, durant l'entretien, il est confronté au manque de netteté de la demande qu'il tente de préciser en interrogeant son interlocuteur. De toute évidence, les attentes de ce responsable et de ses collaborateurs sont très réduites et, interrogé sur le fonctionnement actuel du service, le demandeur explique, tableaux et chiffres à l'appui, que tout va bien. Après 45 minutes de discussion, le directeur frappe à la porte, entre, salue le consultant, lui fait part de ses attentes et, prétextant un emploi du temps chargé, ressort aussitôt. S'ensuit un grand silence pesant interrompu par le responsable administratif qui déclare : « voilà, vous savez tout maintenant ! » Il se lève et salue l'intervenant qu'il raccompagne.

Sous la contrainte du tribunal de la jeunesse, cette famille consulte un service de thérapie ; lors du premier contact téléphonique avec le père, l'intervenant, se rendant compte du cadre contraignant dans lequel cette demande est effectuée, souligne la difficulté à travailler efficacement sans l'implication des parents. Il insiste sur leur collaboration, spécialement dans le cadre de l'aide à apporter à un membre de la famille. Le père abonde dans le même sens et affirme savoir, ainsi que son épouse, ce qui est bon pour leur enfant. Afin de définir le rôle que vont pouvoir jouer les parents dans ce processus contraint, l'intervenant propose un premier entretien familial de négociation en présence d'un assistant social désigné par le juge.

Ce responsable pédagogique anime mensuellement des réunions avec les éducateurs de l'institution. Ayant constaté l'existence de fortes tensions entre deux sous-systèmes, il demande à un superviseur de participer à une réunion d'équipe, lui avouant que seule une personne extérieure au système sera en mesure de régler cette situation. L'intervenant propose au responsable pédagogique de l'aider dans sa tâche

> d'animation à travers une relation de type supervision individuelle mais explique qu'il lui semble inopportun d'intervenir directement, en sachant que les membres de l'équipe ne lui demandent rien. Le responsable explique alors qu'il attend du superviseur une confirmation de son propre diagnostic, afin de lui permettre de prendre des sanctions à l'égard des fauteurs de trouble. Le superviseur refusera de satisfaire cette demande.

L'objet de l'intervention

Une question de vocabulaire

Par « objet de l'intervention » (formule maladroite), nous souhaitons désigner le système qui va bénéficier de l'intervention. Formulation malheureuse en effet, car le mot objet recèle une connotation péjorative par opposition au mot sujet[1] qui lui est souvent préféré, à juste titre. Si je persiste dans cette définition, ce n'est pas pour réduire les individus qui composent le système à des choses, mais pour donner à cet ensemble une matérialité qui me semble plus propice à la compréhension de la réalité de l'intervention.

En effet, il convient de reconnaître qu'en pratique les acteurs ayant pensé le projet (promoteurs) ont tendance à s'exprimer ainsi. Qu'il s'agisse d'un service, de directeurs gérants, de jeunes délinquants, de familles immigrées, de jeunes entrepreneurs, d'un département informatique, d'une maison de repos, de familles monoparentales... on observe très fréquemment ce mode de désignation.

---

1. L'appellation « sujet » est effectivement plus appropriée pour faire comprendre que les personnes avec lesquelles l'intervenant est amené à travailler sont des êtres humains, capables d'autodétermination et de jugement critique, et non de simples objets que l'on pourrait imaginer déplacer, manipuler.

Notons qu'en précisant la définition de l'objet de l'intervention, j'évoque son bénéficiaire. Ceci pouvant laisser entendre que l'intervention est nécessairement positive. Là réside une difficulté: l'intervenant doit être capable de mesurer les effets négatifs ou positifs de son intervention sur le système considéré (objet de l'intervention).

Pour aboutir à ce résultat, je tente pour ma part de combiner trois types d'informations:

➤ La perception du système lui-même et son mode d'évaluation à l'aune de ses valeurs.

➤ Ma propre perception: ce que j'estime être positif pour le système[1].

➤ La nature de l'explication fournie par le décideur (promoteur et/ou demandeur) à propos de la pertinence de l'intervention.

Après quoi, ayant effectué la synthèse, je me positionne.

> Au sein de cet établissement scolaire, on note de plus en plus de violence de la part d'une classe à l'égard des autres. Le directeur demande au psychologue scolaire d'intervenir en effectuant, avec ce groupe d'élèves (objet de l'intervention), un travail spécifique.
>
> Dans cette entreprise, le DRH remarque que les dernières personnes embauchées éprouvent des difficultés d'intégration. Dans le même temps, il constate que les équipes comptant ces nouveaux collaborateurs se plaignent d'une baisse de rendement et que, par ailleurs, les congés maladie se multiplient de manière anormale. Afin de vérifier le processus d'accueil, le DRH sollicite un spécialiste en communication interne dont l'objet de l'intervention, sera l'ensemble constitué

---

1. Cela dit sans prétention. Il s'agit simplement de partir du principe que l'intervenant a plus de chance d'être efficace s'il s'inscrit dans une intervention à laquelle il croit. Les effets sur le plan analogique augmentent la densité de l'intervention et ses chances de succès.

par les dernières personnes embauchées dans les 12 derniers mois.

Dans cette famille de quatre enfants, l'aîné (11 ans) a des problèmes de comportement à l'école. Il se bat avec ses camarades de classe, taille leurs vêtements et se rebelle violemment si l'institutrice le rappelle à l'ordre et tente de le punir. La dernière fois, il a levé la main sur elle et elle a craint qu'il ne la frappe. Les parents sont alertés par la direction qui décide l'exclusion de l'enfant et demande, en outre, qu'il (objet de l'intervention) soit placé dans un établissement spécialisé. Les parents, confrontés à cette mesure, entreprennent les formalités nécessaires.

Les effets de la désignation

Remarquons, pour en finir avec cette notion, que, fréquemment, la détermination de l'objet de l'intervention est discutée lors de l'analyse de la demande. Le client donne le nom des acteurs ou du (des) service(s) avec lesquels il conviendra de travailler. Ce faisant, il sépare les membres du système en deux groupes :

- d'un côté, ceux qui ont besoin (selon lui) de l'intervention,
- de l'autre, ceux pour qui ce n'est pas nécessaire.

Des raisons objectives fondent très souvent cette répartition, mais il faut garder présent à l'esprit que cette distinction entre un ensemble d'acteurs et un autre (ce sous-système-là et non tel autre) a un effet induit : une forme de stigmatisation qui peut être très mal vécue par certains. Dans notre exemple, les élèves de la classe dite violente pourraient s'écrier : « Pourquoi nous ? »

Il est important de noter que, le plus souvent, l'objet de l'intervention est constitué par le sous-système qui pose problème. Dans ces conditions, l'intervention devient périlleuse et il importera à l'intervenant de prendre un soin tout particulier à sa façon d'entrer en contact avec les acteurs. À ce niveau, les notions d'explication circulaire, de contextualisation et de fonction du symptôme aideront l'intervenant à demeurer vigilant afin de ne pas tomber dans la « désignation » pure et simple qui lui est proposée par le client[1].

Dans le meilleur des cas, l'intervenant consacrera un temps spécifique à la conduite de cette phase, s'associant les compétences du référent du système. Cela pourra se négocier dans le cadre de l'analyse de la demande et donc faire l'objet d'une formalisation précise, inscrite dans la proposition d'intervention.

On observe néanmoins que le client a trop souvent tendance à banaliser cet aspect des choses et à s'en remettre à des formules du type : « vous avez l'habitude », « vous trouverez les mots qu'il faut », « vous pourrez leur expliquer mieux que moi », « avec vous ils ne diront rien », etc. Il n'est donc pas évident que le client accepte de donner une telle importance à cette phase préliminaire, mais, si c'est le cas, il s'agit alors d'une information importante, signifiant explicitement que ce système humain est sensible au fait de pouvoir prendre le temps nécessaire pour préparer l'intervention.

---

1. Et ce, sans nier que les personnes considérées sont peut-être bel et bien « coupables » de certains faits (causalité linéaire).

Décideur, demandeur, promoteur, objet de l'intervention : quelques exemples

Voici un tableau permettant de mieux comprendre la distinction qui existe entre ces quatre catégories d'acteurs.

Décideur(s)	Demandeur(s)	Promoteur(s)	Objet de l'intervention	Types d'intervention
Directeur de l'institution	Responsable pédagogique	Directeur de l'institution	Équipe de travailleurs sociaux	Supervision d'équipe
Directeur + C administration	Directeur	Directeur	Directeur	Coaching du directeur
Chef de cabinet	Directeur + DRH	DRH + collaborateur	Cadres	Évaluation du personnel
Directeur PME	Responsable qualité	Responsable qualité	Équipe de production	Mise au point d'un système qualité
Conseil d'administration	Membres de l'équipe de travail	Leader de l'équipe	Équipe	Formation à l'intervention en crise
Responsable d'un service de formation	Directeurs de PME	Responsable du service de formation	Directeurs de PME	Formation au diagnostic d'entreprise
Père de famille	Mère de famille	Directeur d'école	Fille en échec scolaire	Soutien pédagogique
Comité de direction	DRH	Auditeur externe	Personnel de l'entreprise	Formation aux normes ISO
DRH	DRH	DRH	Personnel gestion des salaires	Formation logiciels de gestion
Service de probation	Assistant de probation	Ministère de la justice	Ex-détenu	Guidance individuelle

(Suite)

Décideur(s)	Demandeur(s)	Promoteur(s)	Objet de l'intervention	Types d'intervention
Parents	Enseignant de l'enfant	Psychologue scolaire	Famille en deuil	Thérapie familiale
ASBL de formation	Quelques membres d'un groupe de formation	Groupe de formation	Groupe de formation	Formation continuée avec ce formateur
Parents	Adolescente	Éducateur de l'adolescente	Adolescente	Information psycho-sexuelle
Échevin de l'enseignement	Échevin et directeur pédagogique	Groupe d'enseignants	Enseignants du primaire	Animation d'un groupe de réflexion sur la violence à l'école
Collège des bourgmestre et échevins	Échevin du tourisme	Office du tourisme	Touristes d'un jour	Évaluation externe de la satisfaction des services rendus
Mari et épouse	Épouse	Épouse	Couple	Thérapie de couple
Père et mère	Grand-mère maternelle	Institutrice de l'enfant	Enfant anxieux	Accompagnement familial et thérapie de l'enfant
Administrateur délégué de la société de conseil	Consultants juniors	Consultant seniors	Groupe de consultants juniors	Sensibilisation à l'analyse de la demande
Directeur général	Responsable de la communication	Responsable de la communication	Responsables de sites	Conseil pour la journée portes ouvertes
Conseil d'administration	Administrateur délégué du CA	Administrateur délégué du CA	Directeur	Coaching + techniques de négociation

(Suite)

Décideur(s)	Demandeur(s)	Promoteur(s)	Objet de l'intervention	Types d'intervention
Ministre	Administration	Inspecteur général	Personnel	Analyse des besoins de formation
Directeur d'école	Responsable pédagogique	Responsable pédagogique et son équipe	Étudiants de fin de cycle	Intervention d'un conférencier de renommée internationale
Comité de direction	Directeur des services sociaux	Directeur des services sociaux	Responsables de service social	Formation à la coordination sociale
Directeur d'institution	Travailleurs sociaux	Responsable pédagogique	Travailleur social	Supervision individuelle
Juge	Juge	Juge	Jeune mineur en autonomie et sa famille	Expertise pour aide à la décision

Le référent du système

Une des difficultés importantes pour l'intervenant extérieur est d'être en mesure d'occuper une place, de remplir une fonction, de jouer un rôle au sein d'un système sans trop le perturber, tant il est vrai que l'individu qui pose son regard sur un système humain est d'abord considéré comme un étranger, un intrus.

Le mot n'est pas trop fort pour exprimer cette réalité, comparable à ce que chacun peut ressentir, dans la vie de tous les jours, lorsque, par exemple, le copain de votre fille débarque chez vous (sans prévenir) à 22 heures[1] ! Chaque

---

1. Remarquons que certains parents sont tout à fait à l'aise face à cette intrusion qu'ils ne vivent pas de façon négative. Sans doute privilégient-ils les valeurs de convivialité et d'accueil dans leur culture familiale.

système a sa propre sensibilité et réagit différemment à l'intrusion et l'intervenant remarquera très vite les signes susceptibles de traduire un certain degré d'intégration.

> Ce formateur est appelé à travailler dans une institution non marchande. Son intervention consiste à réaliser quatre prestations au sein du service social qui a pour habitude de commencer la journée dès 8 h 30 autour d'une tasse de café. La formation commence à 9 h 00 et, dès la deuxième journée, le formateur arrivé à 8 h 45 est invité à boire le café avec les participants à la formation.
>
> Cet intervenant fait partie d'une équipe chargée de réaliser un audit financier dont vont dépendre d'éventuelles décisions de réduction du personnel. Dès qu'il entre dans un service, il constate que tout le personnel se tait et que les regards sont fuyants.
>
> Ce travailleur social appartient à un service de probation chargé de contrôler régulièrement la réinsertion sociale et professionnelle de cet ancien détenu. Il doit faire des coups de sonde et donc procéder à des visites impromptues ; lors des toutes premières entrevues, le travailleur social notera beaucoup de tension chez son interlocuteur et il lui faudra du temps pour lui expliquer sa mission qui consiste, au-delà de son devoir de contrôle, à l'assister au quotidien dans ses démarches.

Certes, les fonctions occupées par l'intervenant peuvent être, en elles-mêmes, de nature à compliquer son entrée au sein d'un système humain ; cela est évident à la lecture des deux derniers exemples.

La bonne volonté est insuffisante

Cependant, cela ne signifie pas pour autant que toute intervention qui ne soit pas du domaine du contrôle ou perçue comme potentiellement préjudiciable par les ressources humaines du système soit nécessairement plus facile[1]. Le fait d'avoir de bonnes intentions ou de s'inscrire (pour l'intervenant) dans des projets d'évolution aux orientations humanistes et porteurs de promesses d'avenir pour le système ne garantit en rien la facilité de l'intervention.

En effet, l'intervenant, même si on a parlé d'intégration à son propos, ne doit pas s'imaginer qu'il pourra se fondre dans le système ou fusionner avec lui, ce qui, d'ailleurs, lui ferait perdre une de ses qualités essentielles, à savoir son extériorité. En revanche, être déterminé à demeurer un intrus, du premier au dernier jour, serait non seulement ridicule mais aussi peu productif sur le plan du processus d'intervention, ce dernier évoluant au gré des hypothèses, observations, perceptions et analyses (de l'intervenant) qui rendent la gestion de l'intervention plus stimulante[2].

Vers une définition du référent

Un des moyens pour prendre cette place singulière et dynamique est de pouvoir compter sur le référent du système.

Il s'agit d'un membre du système ou d'un groupe[3]
qui possède, au sein de la structure, une certaine crédibilité,
en termes de compétences et de notoriété,

---

1. On pourrait dans certains cas aller jusqu'à dire que l'avantage du contrôle est de clarifier la situation. Il s'agit pour l'intervenant de composer avec cet élément de la réalité.
2. Par stimulation, j'entends des *inputs* tolérables, ceux-là même qui permettent un dépassement, une évolution du système dans des limites que l'intervenant a anticipées de façon réaliste. Cette attitude est à opposer aux interventions que je qualifie parfois de « terroristes », lesquelles créent la « terreur » ou, tout au moins, la peur.
3. On parle fréquemment de groupe de pilotage.

mais aussi sur le plan de la connaissance
et de la compréhension de la culture d'entreprise.

C'est grâce à cette personne que l'intervenant pourra inscrire son travail dans le cadre d'une intrusion « contrôlée ». S'il est important, en effet, que le système garde un réel contrôle[1] sur l'intervention, il est nécessaire que ce contrôle soit actif et donc susceptible de placer le client dans un processus de coconstruction.

Il s'agit pour l'intervenant de considérer le référent comme un interlocuteur privilégié, auprès duquel il pourra valider des hypothèses et faire part de ses observations lorsqu'il le jugera nécessaire. Cette collaboration n'est pas à sens unique car le référent peut prendre l'initiative de solliciter l'intervenant. En matière d'effets concentriques (déjà exposés) provoqués par l'intervention, c'est le référent qui aidera l'intervenant à les contrôler, à les analyser, à leur donner un sens, une interprétation qui aura « la couleur et l'odeur » de ce système.

> Cette intervention d'évaluation est un projet soutenu par la direction générale qui suit en cela son DRH. Ce dernier, lors d'un séjour au Québec, a participé à des séminaires de formations, dont l'un animé par le bureau de conseil sollicité. Dès l'entrée (analyse de la demande), le modèle conçu par le DRH paraît séduisant et la discussion s'engage rapidement sur des questions techniques essentielles. L'expérience du consultant l'amène à faire part d'une série de réticences fréquemment observées dans ce genre de processus et même à parler de préavis de grève. Il expose ensuite la méthodologie qu'il préconise tout en présentant la mission du référent du système. Le DRH accepte ce rôle, mais il s'avérera peu efficace. En effet, en tant que promoteur du projet, et bien que confronté aux « bruits » émis par le système il aura tendance à faire preuve d'une certaine surdité...

---

1. Ce contrôle, bien que se situant sur un autre plan, s'ajoute au contrôle plus direct (mais essentiellement défensif) qu'est la rupture du contrat.

Le pouvoir organisateur de ce groupe scolaire (quatre établissements) demande à ces intervenants une formation sur le thème de la violence à l'école, particulièrement préoccupante au moment de l'intervention. En effet, il y a à peine un mois, un enfant de 7 ans a menacé une institutrice avec un cutter. Confronté à un tel acte de violence, le pouvoir organisateur a formulé une demande sous la forme d'une série de questions :

– Quelles sont les attitudes à adopter ?

– Comment anticiper ?

– Quels sont les rôles dévolus à la famille, aux intervenants sociaux, etc. ?

Les formateurs proposent de constituer un groupe de pilotage qui contribuera à créer la structure de la formation et prévoient qu'entre les séances de formation, deux membres de ce groupe (référents du système) recueilleront le *feedback* des enseignants et le répercuteront au formateur avant la séance suivante.

Cette collaboration, lorsqu'elle peut avoir lieu, est un gage d'intervention profitable pour le système humain ; de plus elle procure, fréquemment, aux acteurs satisfaction et plaisir.

CHAPITRE 5

LA GESTION DU PROCESSUS

Ce chapitre vise à donner une série de moyens qui permettent à l'intervenant externe de gérer son intervention. Celle-ci est conçue comme un processus, une dynamique, qui peut à certains moments se gripper, s'emballer. Sans prétendre qu'ils vont permettre une totale maîtrise du processus, ces éléments théoriques constituent à mon sens une bonne introduction à la gestion de la complexité du processus d'intervention.

Les outils de gestion

Le respect du rythme

Cette remarque sur le rythme n'étonnera pas. Même s'il peut paraître redondant de l'évoquer, il s'agit néanmoins de rester attentif au fait que l'intervenant pourrait être tenté d'imposer un rythme trop rapide, voire trop lent (plus rarement le cas), au système.

Une des raisons en est que le système (société de conseil, de formation, consultant indépendant, etc.) auquel appartient l'intervenant est lui-même soumis à un rythme scandé par une série de contraintes (citons en vrac: période d'inventaire, engagements de nouveaux collaborateurs, fin d'année civile, timing pour remettre une offre, agenda chargé, vacances d'été, cotisations trimestrielles, paiement de la TVA, journée d'entreprise, etc.) qui justifient des accélérations ou des freins.

Ces changements de rythme, et la pression qui y est parfois associée, tendent à faire oublier à l'intervenant que sa gestion du temps n'est pas celle du système avec lequel il travaille. Évoquer le respect du rythme, c'est donc ajouter à la préoccupation de faire en sorte que les *inputs* de l'intervenant soient de qualité, celle évidemment aussi importante qui concerne la fréquence et l'intensité de ceux-ci.

L'intervenant comme modèle

Cet intitulé peut paraître présompteux, dans la mesure où il laisserait entendre que l'intervenant est le modèle idéal. Ce serait son fonctionnement que le système client se devrait de copier! Il n'en est rien.

Premier principe: le système regarde l'intervenant.

Il s'agit simplement de faire remarquer au lecteur cette simple réalité. Partant de là, comment, de façon organisée, délibérée, l'intervenant peut-il utiliser cette dimension de son intervention? En effet, il ne suffit pas d'en être conscient, il faut pouvoir s'en servir.

Lors d'un entretien de famille, les parents se disent dépassés par les comportements de leur fille adolescente. Elle est agressive verbalement et refuse la moindre des contraintes. Il s'ensuit des discussions parfois violentes lors desquelles le père avoue recourir à des gifles. Il constate que cette mesure ne sert à rien, mais dit que sa fille le pousse à bout et qu'on dirait qu'elle le cherche... Regardant l'intervenant dans les yeux, le père demande à ce dernier s'il a des enfants et comment il fait, lui, pour gérer ce type de situation.

Ce consultant spécialisé dans la gestion des ressources humaines est dans le cadre de sa mission amené à rencontrer les ouvrières de cette firme. Il les réunit durant deux heures, prend le temps de se présenter, d'expliquer le cadre de sa mission, s'intéresse individuellement à chacune d'elles (carrière, expérience et projet d'avenir), explique que les résultats de sa mission seront communiqués lors d'une réunion plénière, etc. Une des ouvrières demande à prendre la parole: « Je vous écoute depuis le début, je me dis qu'est-ce qui se passe, voilà qu'on s'intéresse à nous? Est-ce que je dois y croire? »

Dans ce groupe de travailleurs sociaux, il existe un sous-groupe qui fait pression sur le reste du groupe. Au sein de ce sous-groupe sévit un leader assez charismatique. Il prend souvent la parole et coupe l'intervenant plus qu'à son tour. Fort de cette observation, l'intervenant régule la prise de parole. Il permet à chacun de s'exprimer et marque de la considération de façon équitable pour tous les membres du groupe. Modifiant ainsi la dynamique, il note quelques signes d'opposition (chambards, blagues, apartés...) de la part du leader et, par ailleurs, observe que les langues se délient. Il se rend compte, ainsi, rapidement qu'il a trop vite pris le parti des « faibles » et que le voici aux prises d'une coalition nouvelle qui ne va faire qu'entretenir la même dynamique. Il décide ainsi de mettre en avant son observation et de demander conseil au groupe. Il constitue quatre sous-groupes hétérogènes (mélangeant de façon aléatoire les participants des deux sous-groupes opposés) et explique son observation et sa demande: « Je me rends compte que je ne parviens pas à travailler en accordant autant d'importance à chacun de vous. C'est un vrai problème pour moi. Je vous demande de me conseiller sur la meilleure

> façon de faire en réfléchissant en petits groupes. Merci de votre aide. »
> La séance se termine par des recommandations précises de la part du groupe. Un participant fait remarquer que cet exercice lui a permis de parler pour la première fois avec une personne du groupe qu'il imaginait lui être hostile. Le leader en fin de réunion s'exprimera en ces termes: « Pas mal comme technique de travail... il faut y réfléchir. » Le groupe repart plus détendu et remercie l'intervenant[1].

Si ces exemples font apparaître cette observation que nous évoquions, ils montrent également que si l'intervenant est considéré en tant que personne (prenant des initiatives, réagissant à sa façon...), il l'est aussi, et parfois de façon patente, considéré comme la copie conforme du décideur.

Le système sait que l'intervenant n'est là que parce qu'il y a été autorisé. Il sait donc que derrière cet acteur externe se trouvent une ou plusieurs autres personnes – promoteur du projet, décideur... Ce sont eux qui ont fait en sorte qu'il soit là. Partant, on remarque que les attitudes, comportements adoptés font souvent l'objet d'une comparaison avec celles des commanditaires. On peut dire qu'à certains moments, l'objet de l'intervention (le système avec lequel travaille l'intervenant) a tendance à voir les décideurs « à travers » les intervenants.

Deuxième principe: l'intervenant génère des apprentissages.

L'intervenant possède des possibilités d'action, des marges de manœuvre, une certaine forme de créativité qui lui est

---

1. Les remerciements de fin de séance de travail ne sont pas sans signification et ce, même si on peut admettre qu'une certaine convenance sociale aide à ce type de formulation. À l'expérience, l'intervenant fera bien vite la différence entre un remerciement sincère et un remerciement poli. J'ai pour ma part fréquemment eu, à l'occasion de tels remerciements, l'opportunité de mon côté de les remercier sincèrement. Ces moments signent un niveau d'échange interpersonnel sur un plan particulier, qu'à l'heure actuelle je peux difficilement définir. En effet, pourquoi remercier l'intervenant alors qu'on le paye pour faire ce qu'il fait? Et, d'autre part, comment comprendre qu'un intervenant, qui est là pour « donner », témoigne que de son côté il a aussi « reçu ». Cela appartient à ces moments un peu magiques...

propre et qu'il peut mettre au service de l'évolution du système. En cela, il est susceptible de créer du progrès dans le système. Son intervention peut ainsi déclencher de nouveaux modes d'interaction, lesquels ne sont d'abord possibles qu'en sa présence. Les systèmes humains qui vont expérimenter cette nouvelle pratique de gestion des relations seront ensuite susceptibles[1] de la reproduire en son absence, dans des contextes analogues à celui où cet apprentissage a été réalisé. D'un point de vue théorique, on parlera de transfert de contexte d'apprentissage.

> Cet éducateur aide un jeune délinquant de 16 ans. Ce dernier a vécu à de nombreuses reprises dans des institutions de protection de la jeunesse. Ce parcours tumultueux (vols avec violence, vols de voiture, fugues, etc.) est consécutif à une vie familiale plus que tourmentée: mère prostituée, père en prison pour viol sur la demi-sœur. Reste un oncle, frère du père, qui est à l'heure actuelle la seule personne qui apparaisse fiable. La relation d'aide engagée par cet intervenant est d'emblée difficile. Le jeune dit qu'il ne souhaite pas cette aide, que de toute façon il finira en prison comme son père... Il affirme fréquemment qu'il ne faut pas lui faire confiance, qu'il ne mérite pas qu'on s'occupe de lui... Le pronostic est sombre. L'éducateur pense que ce jeune en vaut la peine. Il décide de mettre au point une stratégie qui lui soit adaptée, lui permettant de justifier de la confiance que l'éducateur a en lui. Ce faisant, il se met lui-même en relation et prend le risque de l'échec. S'il réussit, le jeune aura appris qu'il est digne d'un certain niveau de confiance, s'il échoue, il apprendra de l'éducateur que ce n'est pas parce qu'on échoue que la relation se brise.
>
> Au fil de cette intervention, le consultant constate que l'on accorde trop peu de place aux retours d'informations auprès du personnel. Les membres du personnel qu'il rencontre lui donnent de leur temps, mais ils se fatiguent parce qu'il n'y a

---

1. Cette susceptibilité est variable et dépend notamment de la rigidité des règles de fonctionnement du système en question. L'absence d'apprentissage peut être un signe de mauvaise santé du système. Il ne s'agit pas alors de considérer cela comme péjoratif, mais plutôt comme un signe, un indice qui, ajouté à d'autres, valide ou non l'idée que le système est ou non, à ce moment-là, capable de progrès.

rien en retour. Au cours de la réunion avec le comité de pilotage (référent systémique), le consultant rend des comptes aux membres de ce comité et questionne sur la gestion de l'information dans l'organisation. D'abord les membres du comité ne comprennent pas. Puis ils disent qu'ils ont déjà essayé de renvoyer de l'information en aval mais que c'est source de stress ou de conflits. Les gens ne comprennent pas ce qu'ils doivent comprendre... Le consultant demande si lors des réunions du comité de pilotage on ne pourrait pas consacrer du temps à réfléchir sous quelles formes on peut renvoyer des informations au personnel.

Le niveau analogique

Bref rappel

On sait que la communication comporte deux niveaux: le verbal, ce qui est dit, transmis par la parole, le contenu du message (niveau digital); et ce qui accompagne ce message, le non-verbal, donc ce qui concerne l'attitude, le regard, la position des corps... bref, le comportement qui accompagne le message. On a coutume de dire, à juste titre, que la bonne compréhension du message passe par une parfaite cohérence entre ce qui est transmis et ce qui s'exprime par le comportement. Tout le monde connaît des situations dans lesquelles il a perçu un écart entre ce qui est dit et ce qui se voit. Quelques exemples mettent l'accent sur cette discordance:

- Le collègue vous félicite de votre promotion mais vous le trouvez hypocrite.
- La voisine présente ses condoléances à propos d'un défunt qu'elle n'aimait pas.
- La mère appelle son enfant sur ses genoux mais se crispe à son contact.

À côté de ces communications dysfonctionnelles, dont certaines sont parfois taxées de pathologiques, il y a la communication adéquate, claire, fonctionnelle, qui s'opère naturellement dans les relations humaines. Celle-ci se fonde sur le fait qu'il existe une cohérence entre ce qui se dit et ce qui se voit. *A contrario*, il est souvent reproché à certaines personnes de ne pas être en accord avec ce qu'elles préconisent ; ce sont celles qui disent « faites ce que je dis et pas ce que je fais ».

L'approche par analogies

L'idée que je souhaite développer repose sur l'hypothèse selon laquelle une attention particulière portée aux messages sur le plan analogique favorise le processus d'évolution des systèmes humains. Une telle intervention repose dès lors sur la mise en place de la gestion d'un processus d'intervention analogiquement pertinent. Le niveau analogique étant entendu d'une façon beaucoup plus large que la simple cohérence entre le message verbal et le non-verbal (analogique). Cette hypothèse part du point de vue que parmi les ressources des systèmes humains se trouve une envie d'apprendre à travers de nouvelles expériences relationnelles. L'idée est de mettre en place un processus qui favorise ces apprentissages et génère de nouvelles habiletés. Celles-ci étant engrangées dans le réservoir évoqué en introduction, premier lieu de ressources de chacun.

L'approche que je préconise tente d'augmenter la pertinence analogique des interventions, ce qui génère de nouvelles configurations intra et/ou intersystémiques sur la base desquelles le système sera en mesure de progresser par rapport à lui-même. Ainsi on peut induire des processus d'évolution intégrés, donc progressifs et tolérables, pour les systèmes considérés. Par intégré, je désire insister sur le fait que chaque système possédant ses propres particularités de fonctionnement, de valeurs culturelles etc., il s'agit à chaque fois de s'appuyer sur la connaissance et la compréhension de ce système pour mettre le niveau de l'input au bon endroit[1].

Le travail à réaliser sur ce plan relève d'une réelle construction, procédant d'une analyse et d'une réflexion professionnelle constantes, qui adaptent constamment le niveau analogique de l'intervention.

Paramètres de construction

La combinaison de ceux-ci augmente le degré de pertinence de la gestion du processus. Le niveau personnel est fondamental. L'intervenant doit être à l'aise avec ce qu'il préconise. Il doit y croire, se sentir bien avec le projet qu'il propose au système demandeur. Mais attention, il ne s'agit pas d'une foi inébranlable capable de déplacer des montagnes ! L'intervenant n'est pas un missionnaire. Le fait d'être convaincu du bien-fondé de sa démarche ne justifie en rien qu'il faille l'imposer.

Une approche anti-changement

Dans le cours de son travail, l'intervenant est aux prises avec un système vivant, qui bouge, réagit et auquel il doit à la fois s'adapter tout en gardant la possibilité de prendre du recul (reconquérir de l'extériorité). L'image d'un « intervenant caméléon » vient à l'esprit, mais c'est plus que cela. Certes, il doit prendre la couleur de l'endroit, du climat, mais, si l'on

---

1. Quand on met la barre trop haut, le client passe en dessous !

reste dans la métaphore de la couleur, il doit surtout être en mesure d'injecter de nouvelles nuances à la couleur dominante. C'est pourquoi, dans une optique anti-changement, je préfère le terme de changement intégré.

En revanche, si l'on change purement et simplement la couleur, on est dans le domaine de la révolution. De prime abord, cette technique me paraît plus violente et non respectueuse de l'équilibre des systèmes humains. Je me sens donc nettement moins à l'aise pour prendre cette position d'intervenant qui initie un changement aux allures « révolutionnaires ».

Néanmoins, il se peut que l'intervenant soit amené à préconiser des réajustements en fonction des changements apparus dans l'environnement interne ou externe du système. Il s'agit alors de réfléchir aux moyens qui permettront une reconfiguration nouvelle de l'ensemble[1].

La préfiguration

Cette méthode est apparemment simple. Il s'agit d'introduire, soit directement soit indirectement (par allusion ou par le comportement), une idée, une façon de faire, une collaboration, une attitude, une valeur, une démarche... nouvelles. Le caractère de nouveauté est chaque fois fonction du contexte de l'intervention et des hypothèses d'action qui semblent les plus pertinentes[2].

Au premier contact téléphonique, une mère explique sa détresse face à son enfant de 10 ans qui, depuis six mois, ne

1. Exemples de situations (de système organisationnel ou familial): les cas de restructuration, de fusion, de faillite, de déménagement, de divorce, de licenciement, de la mort d'un parent, de changement d'actionnariat, d'accident, de nouvelle direction, de naissance...
2. La pertinence est extrêmement relative. C'est une construction singulière à chaque fois.

dort plus bien et pleure fréquemment. L'intervenant, s'intéressant à la composition de la famille, apprend que les parents se sont séparés il y a six mois et que le papa exerce irrégulièrement ses droits de visite. L'intervenant pose la question suivante: « Est-ce que le papa de votre fils sait que vous faites appel à nous? »

Une mère consulte un thérapeute avec sa fille de 14 ans. Elle souhaite comprendre pourquoi celle-ci refuse de revoir son père. La mère se demande s'il n'a pas essayé d'abuser d'elle. La jeune fille nie et se replie sur elle-même. Au niveau légal, la situation est aux mains des avocats des deux parties, qui s'adressent régulièrement des courriers incendiaires. Dans ce contexte, l'intervenant formule cette phrase: « Dans quelles conditions pourrez-vous discuter de tout ceci avec le papa de votre fille? »

Cette intervention d'accompagnement au changement intéresse un secteur public dans son entier. Les commanditaires désirent que les consultants dynamisent l'ensemble du système par des actions de concertation autour de thèmes définis. Les décideurs appartiennent à deux administrations qui n'entretiennent pas toujours des relations très cordiales. Sur le terrain, les acteurs sont plutôt scindés en deux. Les bons et les mauvais élèves. Le client décide de travailler avec la liste des bons. Tant pis pour les mauvais. Un consultant propose une méthodologie qui « associe des représentants des deux décideurs dans l'animation des groupes »; d'autre part, les consultants disent « leur intérêt, sinon de travailler, du moins d'informer les acteurs qui ne seront pas activés ».

Ces trois exemples montrent que les remarques ou questions posées par l'intervenant introduisent l'idée que, qui les pères, qui les décideurs, qui les acteurs de terrain doivent être pris en considération dans le processus entrepris. Cette façon de faire modifie considérablement le sens de la démarche qui est engagée.

Quelques explications: les interventions de préfiguration possèdent une vertu essentielle, à savoir celle qui consiste à modifier les paramètres d'une situation par le simple fait de proposer, de formuler une éventualité qui a du sens pour le système et sa dynamique. Le fait de se préoccuper des personnes absentes est une pratique assez classique dans mon travail. Se soucier des absents présente plusieurs avantages non négligeables :

➤ On laisse à penser aux présents qu'il en sera de même pour eux s'ils ne sont pas là la prochaine fois.

➤ On délimite le système significatif[1] au-delà des personnes présentes, ce qui introduit auprès des interlocuteurs l'idée d'une vision globale de la situation ou, à tout le moins, le fait qu'une intervention, quelle qu'elle soit, implique d'en considérer les effets au-delà du lieu de prestation.

➤ On « fait vivre » les absents et on peut même les faire parler en imaginant les questions qu'ils pourraient se poser. L'exemple suivant explicite l'intérêt de ce type de questionnement.

Une intervention d'évaluation est demandée à un consultant. Elle consiste à interroger un panel d'employés afin de connaître leur perception sur la récente fusion et leur capacité à identifier petit à petit une culture commune. Le consultant (préfigurant un acteur absent dans la rencontre) demande : « Que diront les syndicats de votre initiative, ne faut-il pas les associer ? » La réponse fuse : « Pas du tout, c'est chaque fois pareil, dès qu'on propose quelque chose ils sont contre. »

Plus généralement, la préfiguration ne doit pas être considérée comme la panacée. Il y a même des risques à la manier. Le premier est de considérer que la préfiguration

© Éditions d'Organisation

---

1. Le système significatif est celui avec lequel l'intervenant pense utile de travailler à ce moment-là, en fonction des attentes de ce client-là, dans ce contexte-là, qui s'inscrit dans cette histoire-là… Dans le cadre d'interventions d'ordre psychosocial, la famille nucléaire apparaît fréquemment comme étant le système considéré comme le plus significatif.

proposée constitue le modèle préconisé par l'intervenant et, partant, que ce dernier ne s'attache trop ardemment à l'idée, à la méthode, à la procédure nouvelle qu'il évoque. Ce risque est réel, dans la mesure où faire état d'une proposition alternative est souvent sous-tendu chez lui par une sorte d'intime conviction que c'est dans ce sens qu'il s'agirait d'aller. Or, il se peut, si l'intervenant s'y accroche, que cela déclenche une réaction d'opposition franche chez le client.

Dans ces cas, trois options :

1. C'est le client qui l'emporte.

2. C'est l'intervenant qui l'emporte.

3. C'est la rupture de la relation de travail.

Outre la dernière option, qui, évidemment mène à l'impasse, les deux autres ne laissent rien augurer de bon pour la suite du travail. Dans la seconde option, l'intervenant a convaincu un client qui risque tôt ou tard de revenir sur sa position initiale ou, s'il ne le fait pas, vivra *a posteriori* assez mal d'avoir dû baisser pavillon devant cet « étranger ». La première laissera un goût amer à l'intervenant qui aura l'impression de travailler avec un système « malade »[1], cette option rendant périlleux l'investissement réel de l'intervenant dans le projet. Bref, son engagement personnel et sa conviction dans le projet diminuant, l'intervenant perdra en densité sur le plan analogique.

---

1. Les qualificatifs ne manquent pas lorsqu'on entend l'intervenant se plaindre de son client, c'est même parfois violent : « c'est un fou », « il ne comprend rien », « mais qu'est ce qu'il lui prend ? », « c'est pourtant évident qu'il se trompe », « j'en ai marre de ce client, je me démène pour lui trouver une solution et il ne la veut pas »... Ces phrases sont évidemment exprimées sur le coup de l'émotion, laquelle est consécutive à l'erreur de considérer que la meilleure des solutions pour l'intervenant l'est aussi pour le système demandeur. Si les choses étaient aussi simples...

Ces précautions énoncées permettent de comprendre combien la technique des préfigurations est à l'antipode de la technique de persuasion. Il s'agit d'une stimulation du système dans une direction qui apparaît pertinente sur le moment, mais qu'il s'agit d'abandonner avec souplesse si le système n'y adhère pas. On retrouve ici l'importance de la mobilité intellectuelle dont doit faire preuve l'intervenant. Enfin, ne négligeons pas non plus la valeur diagnostic d'une telle pratique. En effet, la façon de réagir à ces préfigurations est une excellente indication sur les possibilités d'évolution du système.

Le rapport d'audit a été réalisé par des consultants. Celui-ci fait l'objet d'une présentation auprès du *staff* de direction. À la fin de celle-ci, le consultant (qui avait au départ de son intervention – dans l'analyse de la demande – montré son intérêt quant aux absents) se sent en mesure de dire qu'il verrait d'un bon œil qu'une communication écrite à tout le personnel puisse se réaliser. Le DG répond qu'il n'y est pas du tout opposé car il envisage en effet une pratique de management encore plus transparente.

L'intervenant social qui accompagne ce jeune homme dans un projet d'autonomie (soit l'installation de celui-ci, seul, dans un appartement) évoque la possibilité que ses parents participent aux frais. Cette simple évocation provoque de la part de l'intéressé une réaction verbale très violente. Il ajoute qu'il n'acceptera aucun contact avec eux et interdit à l'intervenant de prendre des initiatives dans ce sens. Deux rencontres plus tard, le jeune homme refait spontanément allusion au fait qu'il ne veut pas qu'on informe ses parents, puis il ajoute: « En tout cas, je veux que vous m'en parliez auparavant. » La suite de cet entretien s'intéressera à rechercher le moyen le plus adéquat, selon ce jeune, pour communiquer des informations à ses parents.

Un cas d'école

Cette intervention réalisée il y a quelques années concentre plusieurs niveaux de cohérence sur le plan analogique. On peut dire que la construction même de l'intervention s'est d'emblée réalisée en tenant expressément compte de ce niveau.

Contexte général

Il s'agit d'une intervention de formation auprès de formateurs, réalisée à l'étranger.

Objectif

Créer un référentiel commun leur permettant d'intervenir dans des organisations demandeuses de formation. L'observation du client amène à faire l'hypothèse que les interventions de formation peuvent être l'occasion de demandes d'intervention de conseil, le formateur devenant à cette occasion un consultant. Il est donc nécessaire qu'un lieu de réflexion se mette en place pour réfléchir aux questions que suscite ce nouveau positionnement.

L'objectif est donc de travailler avec ces formateurs pour créer une grille (référentiel) à laquelle ils puissent faire appel dans de nouvelles situations de formation, susceptibles d'être le lieu d'émergence de demande de conseil. Au terme de l'intervention, ces « formateurs consultants » seront en mesure de mieux maîtriser ces interventions complexes.

Les acteurs

➤ **L'objet de l'intervention**. Il s'agit d'un groupe de formateurs seniors, très expérimentés dans leur domaine. Certains ne se connaissent pas.

➤ **Le décideur**. C'est le DG de l'entreprise. J'ai insisté pour qu'il ouvre la session de formation et pour qu'il soit également présent à la fin[1] de celle-ci. Le cadrage par le directeur donne une signification toute particulière au processus. Il est le seul (fondateur de la structure) à pouvoir faire les liens avec le passé et à inscrire cette action dans les projets de développement de l'entreprise de formation. Sa présence[2] est en soi un signe très positif quant à son adhésion à l'objectif de travail.

➤ **Le référent du système**. C'est le directeur des ressources humaines. Non seulement il constitue un lien direct avec l'entreprise (il y travaille quotidiennement) mais il est aussi l'interface avec le DG. Le projet de formation a été élaboré en concertation avec lui.

➤ **Les intervenants**. Moi-même, en tant que consultant-formateur, et le DRH. Il s'agit d'un travail de co-intervention. Nous animons les séances ensemble. De plus, nous communiquons systématiquement avant et après les séances (*inputs*) de formation. Ce travail de préparation et d'analyse des rétroactions rend cette

---

1. Si l'ouverture de la formation a du sens, le fait de clôturer en présence du DG est également intéressant. Cette façon de faire donne la possibilité de réaliser en sa présence une « évaluation à chaud ». Cette attitude de la part de l'intervenant est souvent appréciée par le client qui y voit, à juste titre, une manière de contrôler la valeur de son investissement. Cela donne aussi l'occasion au DG de jouer un rôle actif à la fin du processus. Ceci est fondamental, car cela permet d'inscrire la formation dans un continuum (la vie continue une fois le formateur parti) et c'est souvent l'occasion de concrétisations rapides dans la réalité de l'entreprise.
2. Cette participation plus que symbolique de la part du responsable d'une organisation est souvent une aide voire une garantie de succès de l'intervention. Ceci est d'autant plus vrai lorsque les patrons sont admirés au sein de leur entreprise. Ce qui est souvent le cas lorsque celui-ci est le « père fondateur » de celle-ci.

intervention particulièrement adaptée au rythme du système d'acteurs considéré. Cette pratique de travail est expliquée dès le début de l'intervention proprement dite.

Histoire de l'intervention

Les quelques éléments ci-après donnent une idée des principaux éléments qui constituent la singularité de cette intervention :

➤ Description générale

- *Avant le premier contact*, je suis en relation avec un ex-formateur de cette entreprise. Je lui parle de mes projets et de mon expérience, et il me conseille de prendre contact de sa part (*prescripteur*), avec eux. J'écris au DG (*décideur*) et lui propose de prendre un contact téléphonique dans les jours qui suivent mon courrier.

- À l'occasion de ce *premier contact* téléphonique, il me dit être intéressé par une rencontre.

- Lors de cette première rencontre, le DRH est présent. Cette entrevue est très cordiale. Je fais part de mes expériences, parle de mes principes de travail et « vends » plutôt une pratique d'intervention, une éthique de travail. Je me situe dans une *logique d'offre* très large. L'intérêt du DRH est réel. Il parle du plan d'entreprise des prochaines années et d'un projet qui lui tient à cœur, celui de faire évoluer les compétences de ses formateurs vers celles de conseillers (de consultant). Je dis que ce projet me paraît tout à fait passionnant et qu'il m'intéresserait d'y collaborer.

- D'autres contacts (échanges téléphoniques et courriers) aboutissent à ma *proposition d'intervention*. Celle-ci correspond à la demande de formation qui m'est faite (*solution client*) mais j'y ajoute (*hiatus*) mon désir de réaliser celle-ci en co-intervention avec le DRH. Celui-ci, quelque peu étonné, accepte cette approche.

- Les six séances de formation se réalisent dans leurs locaux. Je m'y rends en avion (aller et retour).

➤ **L'accident.** Entre la troisième et la quatrième séance, à une semaine de la date convenue, je reçois un appel téléphonique du DRH. Il me dit que, pour des raisons de force majeure (problèmes de santé), il sera absent la séance suivante. Il en est désolé. Il me demande donc d'animer la séance suivante seul et affirme qu'il reprendra sa place de co-intervenant la prochaine fois. Il me dit que de l'avis du DG, c'est la meilleure chose à faire et demande à sa secrétaire de m'adresser les billets d'avion dans les tout prochains jours. Je lui souhaite un prompt rétablissement et lui dis que je vais réfléchir à comment travailler dans ces conditions; que, d'autre part, je pense qu'il s'agit d'un événement méritant, au niveau de la gestion du processus, que l'on ne se précipite pas (*préfiguration*).

Réflexion

La perplexité me gagne. Je souhaite être le plus cohérent possible avec l'intervention engagée et j'ai très peu de temps pour réagir à cette nouvelle. J'en parle autour de moi (*conseil au consultant*) mais les avis sont très divers. Je décide d'analyser en profondeur la situation afin de faire le choix le plus pertinent.

Une longue réflexion m'amène à la conclusion qu'il est préférable que je ne me rende pas à cette séance. J'en avise le DRH à son domicile et argumente verbalement les raisons de cette position. Il comprend et prend les dispositions pour annuler la séance et prévenir tous les participants en dernière minute. Je lui demande d'expliquer ma position au

DG et reste à la disposition de ce dernier s'il souhaite que je m'explique (il ne me contactera pas).

Autour de moi, en Belgique, on se demande pourquoi je refuse. Les réflexions vont dans le sens contraire :

➤ « Pourquoi n'irais-tu pas ? Ils te demandent d'y aller, c'est qu'ils ont confiance en toi. »

➤ « S'ils voulaient l'annuler, ils l'auraient fait eux-mêmes. »

➤ « Tu vas perdre un client. »

➤ « Tu as trop d'argent, que tu refuses ? »

➤ « On ne te comprend pas… »

➤ « T'es fou ? »

Un refus[1] étayé

J'écris un courrier au DRH afin de donner des arguments formels justifiant ma position. L'idée centrale est que ce refus a du sens dans le cadre de la formation que nous animons. Voici un très large extrait de la note :

> « *Réaliser le travail du 23 avril sans vous, en tant que co-gestionnaire du processus, implique une modification du projet d'intervention tel que défini au départ, ce qui, selon moi, risque de l'invalider dans sa globalité. En outre, l'équilibre dynamique qui s'est installé au fil du temps dans le système "co-intervenants-participants" va immanquablement être déstabilisé par votre absence.*
>
> *Organiser une journée où vous ne seriez pas présent peut engendrer la confusion, voire de l'irritation chez les*

---

1. Nous avons très souvent tendance à considérer le fait de refuser comme étant négatif. Le souci qui justifie cette position montre qu'il s'inscrit dans un désir de faire progresser le système et non de s'opposer à lui.

participants. De plus, les questions du secret[1] de ce qui est échangé en formation et des loyautés risquent de se poser de façon cruciale! Plus prosaïquement, je n'ai ni la prétention ni le pouvoir de vous remplacer et ma fonction de consultant n'a de sens que si vous êtes présent. Mon action n'est pertinente que complémentairement à la vôtre. (…)

La maîtrise de ce nouveau contexte n'est pas possible sans vous. Dans ce sens, je pense qu'il est « analogiquement pertinent » de reporter la séance du 23, au risque de porter préjudice à la cohérence du processus. Le processus complexe qui s'est engagé dans notre travail de « co-intervention » implique une vigilance constante afin de le mener à bien.

Le choix que vous avez fait d'utiliser mes services en tant que consultant externe me place stratégiquement dans une position originale, celle de pouvoir analyser avec un certain recul le processus dans lequel nous sommes engagés.

Dans la situation actuelle, certains opteraient pour le silence par peur de rompre la relation de travail. En ce qui me concerne, mon éthique personnelle m'engage à continuer à travailler dans le même esprit que celui dans lequel nous avons commencé notre collaboration. Je prends donc le risque, s'il en est, de vous présenter et d'argumenter mon point de vue, parce que je pense que cela fait partie de ce que l'on est en droit d'attendre d'un consultant externe.

---

1. La question des secrets est tout particulièrement sensible ici. Je travaille en co-intervention avec un membre de la hiérarchie du système. Son absence va engendrer une modification profonde du cadre dans lequel je travaille. Sa présence est contenante. Elle autorise des choses et en empêche d'autres. Son absence risquerait de modifier totalement cette donne. Cette modification n'étant que momentanée, puisque le DRH revient ensuite, l'intervenant externe risque d'être coincé dans des secrets. Cela peut être fâcheux.

> *D'autre part, je pense que depuis notre premier contact, nous avons toujours échangé nos idées avec franchise et que cette confrontation a toujours été profitable. Enfin, mon objectif dans cette situation est bien de tenter de vous soumettre des réflexions pertinentes qui tiennent compte "des ressources et des limites" du contexte d'intervention.*
>
> *En conclusion, dans cette situation de force majeure, il m'apparaît primordial que vous puissiez continuer à prendre soin de vous. Le report de cette journée, outre le fait qu'il peut être ainsi motivé, s'inscrit également dans la droite ligne des propos de monsieur le directeur général qui, depuis longtemps, a insisté sur la complémentarité des compétences au sein de l'entreprise.*
>
> *En ce qui concerne les éléments ici développés, j'ai pensé qu'il pourrait être intéressant, en les enrichissant de vos remarques et de vos critiques, de les utiliser comme matériel de travail avec le groupe[1]. D'objets de la co-intervention, ils deviendraient ainsi sujets, portant un regard sur le processus dans lequel ils sont impliqués… Mais il s'agit là d'une idée dont, j'espère, nous aurons le plaisir de débattre prochainement. »*

Séance suivante

Celle-ci se passe en présence du DRH et de moi-même. Je prends la parole dès le début de la séance pour dire que je regrette les désagréments causés par cette annulation inopinée. Je leur demande de m'en excuser et, surtout, s'ils

---

1. Toute intervention comporte des impondérables. Il s'avère parfois utile d'en tenir compte parce qu'ils sont le produit des interactions singulières qui se passent et que les membres du système sont en quelque sorte producteurs de ce matériel. Ils sont donc d'autant plus sensibles à la façon dont on va pouvoir s'appuyer dessus pour donner de la pertinence à l'intervention.

ont trouvé logique que nous ayons pris cette décision. Réponse d'un des leaders du groupe: « On n'aurait pas compris que vous l'animiez seul... »

Les analogies

L'analogie fondamentale sur laquelle repose toute l'intervention est celle-ci: en tant que consultant, je réalise une intervention de formation auprès d'un sous-système appartenant à l'entreprise de formation. Cette formation portant sur les compétences nécessaires à faire du conseil, je représente une façon de faire (on m'observe).

Dans cet ordre d'idée, il est donc impératif de prendre conscience que non seulement le comportement lors des séances mais également la gestion de tout ce qui se passe autour constituent autant d'*inputs* permettant un apprentissage. Reprenons de façon non exhaustive différents points qui sont de l'ordre de la gestion du processus:

➤ L'association du DG.
➤ Le travail avec le référent organisationnel (DRH).
➤ La communication sur le mode de fonctionnement (travail des *feedbacks*).
➤ L'utilisation des impondérables.
➤ La gestion de l'accident.

CHAPITRE 6

DES AVANTAGES ET DES INCONVÉNIENTS DE L'INTERVENTION EXTERNE OU INTERNE

L'extériorité

Nous l'avons tous constaté dans notre vie privée ou professionnelle, nous sommes à certains moments en difficulté, nous ne voyons plus clair, nous sommes aux prises avec une complexité que nous ne maîtrisons plus. À cet instant, le simple fait de nous en ouvrir à autrui (notre conjoint, un ami, un autre professionnel…) est l'occasion de nous dégager, de nous donner un peu d'air et de tenir éventuellement compte d'un avis, d'une piste auxquels nous n'avions pas pensé.

Les conseillers et autres confidents ou éminences grises appartiennent à cette catégorie de personnes qui, jouissant de la qualité d'extérieur, donnent d'excellents conseils. Les professionnels qui occupent cette place d'intervenant externe bénéficient également de cette position, source d'une puissance de feu qui parfois peut blesser.

Ce consultant est interpellé par une responsable du personnel, fréquemment amenée à intervenir dans des conflits interpersonnels entre collègues. Cette fois, elle avoue ne pas savoir comment résoudre un problème de communication entre des personnes. Elle demande un conseil. Après l'avoir écoutée attentivement, le consultant lui démontre brillamment ce qui se passe, en fondant son analyse sur la notion de « fonction du symptôme ». Son approche globale lui permet de prouver que ces interventions renforcent un dysfonctionnement du système. Elle y participe donc sans s'en rendre compte ! Cette responsable, un peu abasourdie par cette démonstration incontestable, remercie le consultant, puis reprend son travail. Elle éprouve rapidement un sentiment de culpabilité et commence à regretter de lui avoir exposé sa situation. On ne l'y reprendra plus ! Le consultant, quant à lui, rentre à son domicile étant très satisfait de lui.

L'intervenant psychosocial rencontre une famille avec laquelle il travaille depuis quelques semaines. L'enfant de 5 ans pose des problèmes de comportement et ne supporte pas l'autorité. Le père, présent aux deux premiers entretiens, n'a pas su se libérer à cause d'une urgence au travail. Rapidement, la maman fait remarquer le comportement de l'enfant en séance et s'en plaint. L'enfant est en effet particulièrement infernal. La mère se tourne vers l'intervenant lui demandant de l'aider. Ce dernier fait preuve d'autorité en élevant la voix puis il contrôle avec succès les débordements de l'enfant. La mère se dit étonnée. Un troisième entretien est programmé auquel la famille ne se représentera pas.

Extériorité, étrangeté

Dans ces exemples, on remarque combien il est important d'être conscient de la puissance[1] que prodigue l'extériorité. Les intervenants externes risquent en effet souvent de disqualifier[2] la personne qui leur fait une demande (premier exemple) ou celle qui n'est pas présente (usurpation de la place d'autorité paternelle). Le danger est d'autant plus grand que les intervenants sont souvent extrêmement compétents et intrinsèquement très performants.

Insistons maintenant sur un des corollaires importants de l'extériorité. Certes, la personne qui vient de l'extérieur est dotée de cette puissance, mais autre chose la caractérise, par ailleurs, qu'elle va devoir gérer: elle est étrangère au système avec lequel elle va entrer en relation. En effet:

➤ Elle n'appartient pas à la même culture.

➤ Elle n'a pas la même histoire.

➤ Elle n'a pas le même statut.

➤ Elle n'a aucun lien avec eux.

➤ Elle n'est pas dépendante d'eux.

➤ Elle ne connaît pas leurs règles de fonctionnement, etc.

Cette différence peut être un obstacle mais, si le contact s'est établi, c'est que le système en question fait le pari que cette différence est, ou peut devenir, un atout. C'est en effet en tenant compte de celle-ci que l'appel a été fait. Si la

---

1. Il ne s'agit pas d'une toute puissance évidemment, dans la mesure où le cadre de l'intervention constitue un premier contenant dans lequel l'intervention se fait (on ne fait pas n'importe quoi, n'importe comment) et où, de plus, le regard des pairs (la supervision, le coaching, l'aide du méta consultant, l'intervision… sont des moyens de raison garder pour l'intervenant) est une autre garantie pour éviter les maladresses.

2. La tendance est très grande et très fréquente de se laisser prendre dans ce tourbillon de la compétence. Nombreux sont ceux qui deviennent « le calife à la place du calife » ou ceux qui prennent, s'arrogent des responsabilités auxquelles ils n'ont pas droit.

différence reste trop importante, la relation s'interrompt. Mais, dans la plupart des cas, un rapprochement se fera et la relation s'enclenchera. Un jeu (presque une danse) se met en place, dans lequel il est possible pour l'intervenant de se rapprocher du système, de s'y fondre à certains moments, tout en cultivant cette différence (le fait qu'il soit étranger) dans des limites tolérables par le système.

C'est la capacité de sortir (vu l'extériorité dont il jouit) qui lui donne la possibilité de reprendre la distance nécessaire par rapport à ce qu'il vit au contact avec le système.

Reconquérir l'extériorité !

Dans certains moments de l'intervention, l'intervenant peut également solliciter (en plus) le regard de ses pairs, voire prendre du temps avec des tiers à travers des intervisions, des supervisions ou du coaching. C'est là qu'il pourra, outre se ressourcer, évaluer le degré d'hétérogénéité[1] dont il est toujours capable de se doter et créer des hypothèses de travail en vue des prochaines phases de celui-ci.

Une place mobile ?

> Le DG rencontre le consultant. Il lui exprime sa difficulté de se séparer de son responsable commercial. Une analyse de la situation se réalise, les éléments du contexte, les liens, les contraintes économiques, les conséquences sur le plan de la gestion de l'équipe, etc. Des pistes sont lancées par l'intervenant et le DG de répondre: « C'est bien beau, *mais mettez-vous à ma place*, ce n'est pas si facile que ça ! »
>
> Dans cette famille rencontrée par le thérapeute, on entend les parents qui se plaignent du comportement de leur fils aîné qui, à 15 ans, ne suit plus les cours régulièrement et ne rentre pas

---

1. Ce mot pour l'opposer à l'idée de l'intervenant parfaitement intégré, participant de façon homogène au système humain et ne s'en différenciant plus.

pour les repas, prétextant que c'est du temps perdu. Il préfère le consacrer à ses copains et copines. Le jeune est avachi sur sa chaise et écoute son père se plaindre. Ce dernier dit alors au thérapeute : « Vous avez des enfants ? *Que feriez-vous, vous ?* Vous laisseriez faire ? »

Ce consultant travaille depuis plusieurs mois au service de ce client. Il participe depuis le début au comité de direction en tant que conseiller du DG. Ces réunions sont fréquemment houleuses et il assiste parfois à des échanges très tendus entre son client et un directeur de département qui revendique plus d'autonomie dans sa gestion. Selon le consultant (qui se dit particulièrement irrité par le comportement de ce directeur), cet acteur est susceptible de prendre le pouvoir et d'orienter l'avenir de la société différemment de ce qu'il conviendrait. Un peu de recul (coaching du consultant) lui a permis de ne pas *se substituer* au DG mais de livrer à ce dernier une analyse plus objective.

Ces exemples donnent un aperçu de la difficulté de se trouver dedans tout en essayant de rester dehors. La position à adopter n'est pas simple. Elle doit varier en fonction des types de demandes et des contextes d'intervention. La place que l'intervenant occupe n'est en tout cas pas figée. Tout d'abord, elle évolue au cours du temps d'intervention. Il est évident qu'un intervenant externe qui travaille depuis longtemps avec un système humain possède sur celui-ci une connaissance qui l'en rapproche. L'intervenant se familiarise en effet avec des pratiques, des règles, des façons de faire et d'être, propres à chaque système. Les informations dont il dispose sont de plus en plus importantes et, parfois, de plus en plus sensibles (sur la santé, sur l'équilibre financier, sur les nivaux de motivation, sur les jeux de pouvoirs, sur les alliances entre personnes, sur l'histoire, sur les procédures et leurs failles, sur la façon de manager, etc.). Ces informations étant pour certaines, mais pas toutes, en relation directe avec l'objet de l'intervention. Ce qui m'amènera à distinguer les informations officielles des informations officieuses.

L'intériorité

Si ce livre est effectivement centré sur l'intervention réalisée par un membre extérieur au système humain, je souhaite néanmoins jeter les bases d'une réflexion qui concerne les intervenants internes. Je veux parler des auditeurs internes, des DRH, des responsables de formation interne des superviseurs internes, des personnes de confiance, des formateurs internes, des consultants internes... qui travaillent tous au service des ressources humaines de l'organisation. C'est volontairement que je réalise un amalgame dans les fonctions que je viens d'énumérer. Il est en effet évident qu'un auditeur interne et un responsable du personnel revendiqueront très justement leurs différences. Mais ils seront d'accord sur une chose :

Ils sont dedans !

Cette réalité quant à la position géographique occupée par eux est incontestable, ils appartiennent à l'environnement interne du système organisationnel.

Ils sont aussi « dehors »

Cette affirmation qui peut paraître paradoxale a surtout une vocation provocatrice, voire stimulatrice. Je souhaite en effet ainsi insister sur les possibles marges de manœuvre dont disposent ou pourraient disposer ces intervenants internes. Certes, force est de constater que beaucoup d'entre eux se sentent englués, paralysés et ce, souvent à juste titre, au sein d'un système qui les a absorbés. Ce phénomène d'absorption est la version pessimiste d'une réalité. La version positive (que je préfère) est de considérer que cette absorption fait de ces intervenants des acteurs de changement interne intégrés.

Deux types d'absorption

En ce qui concerne la première option, on se trouve devant une absorption qui se solde au niveau de l'individu par une réelle perte d'identité. Il est fondu, confondu dans l'ensemble. Cela peut être très préoccupant et difficile à vivre. En ce qui concerne la seconde, j'ai tendance à penser que ces personnes, occupant une fonction reconnue par l'ensemble du système, évoluent dans un système qui ne les a pas « digérés ». Si l'on prend l'image d'une greffe, on peut dire qu'ils sont comme des greffons qui n'ont pas été rejetés par l'organisme (système). Ce faisant, ces intervenants internes possèdent une qualité singulière.

> L'intervenant interne est un agent de changement intégré au sein du système.

Partant, il est un agent d'évolution qui s'impose comme le partenaire naturel d'un intervenant externe. L'on discerne la formation d'un couple *in/out*. L'intervenant externe trouve ici le référent organisationnel idéal pour mener le processus.

Une position ressource

Sans vouloir édulcorer plus que nécessaire une réalité parfois difficile, je veux néanmoins pointer ici quelques observations positives sur la fonction d'intervenant interne. Celles-ci n'ont aucune prétention d'exhaustivité mais visent à attirer l'attention sur de possibles opportunités liées à cette position.

C'est ainsi qu'en connaissance de cause il pourra s'étonner d'en jouir effectivement, s'étonner de ne pas pouvoir en bénéficier et, pourquoi pas, les négocier dès son entrée en fonction ou lors d'une évaluation de son activité au sein du système. Sans tomber dans des travers revendicateurs, je pense qu'il peut parfois être utile que l'intervenant interne interroge certaines facettes de sa fonction. Par ailleurs, celle-ci étant par essence liée au changement, il est donc normal qu'elle se modifie au fil du temps, des interventions, des essais, des erreurs, des réussites.

➤ L'intervenant interne est imprégné de la culture d'entreprise. Il y vit comme les autres et possède cette connaissance intime du pouls du système. Il peut ainsi fonder avec pertinence ses actions, projets et interventions sur les valeurs essentielles qui animent le système.

➤ L'intervenant interne est un partenaire de choix pour accompagner des changements, qu'ils soient initiés à l'aide de ressources externes (voir remarques précédentes) ou menés par d'autres au sein du système.

➤ L'intervenant interne doit être en mesure de prendre régulièrement du recul sur son travail. Des discussions d'équipe ou des aides externes (coaching, formations hors entreprises, lectures, visites extérieures) sont autant de moyens de le ressourcer.

➤ L'intervenant interne peut répondre à des demandes explicites. Il inscrit alors son action dans une logique de demande et réalise une analyse en bonne et due forme.

➤ L'intervenant interne peut jouir plus facilement de la confiance des membres du système (« il est des nôtres »).

➤ Parfois entre « la chèvre et le chou », l'intervenant interne doit pouvoir interpeller sa hiérarchie, lorsqu'il l'estime nécessaire, sans risque d'être disqualifié, voire mis en danger.

➤ Dans des projets de changement, sa connaissance du fonctionnement interne lui permet de procéder par anticipation des rétroactions négatives et, par conséquent, d'éviter trop de résistance au sein du système.

➤ L'intervenant interne lors de son recrutement doit être en mesure de poser toutes les questions sensibles liées à la gestion de sa position. Il doit notamment savoir de qui il dépend au niveau de l'autorité.

Une dernière remarque pour en terminer avec cette incise concernant les intervenants internes. Elle concerne ceux qui, occupant déjà une autre fonction au sein du système, sont « promus »[1] à cette place. Ce mécanisme de désignation (ou d'autodésignation[2]) d'une ressource du système recèle des avantages comme une rapide prise de fonction et la mise en place de projets extrêmement pertinents, dans la mesure où ils sont directement en phase avec le vécu et les besoins du système. Gardons néanmoins à l'esprit que ce changement d'identité fonctionnelle peut être perçu comme une forme de trahison[3] de la part de ceux qu'il convient alors d'appeler des « ex-collègues ».

---

1. Entre guillemets car, parfois, c'est un cadeau empoisonné…
2. Il faut comprendre ici que c'est le cadre lui-même qui sollicite la hiérarchie pour occuper cette fonction (il est à l'origine de la reconfiguration de sa fonction).
3. Le mot peut paraître fort et pourtant, la nouvelle position ainsi occupée peut déstabiliser le groupe de collègues, compris comme ce sous-système auquel le nouvel intervenant interne appartenait.

CHAPITRE 7

LES INFORMATIONS DANS L'INTERVENTION

Des informations officielles et officieuses

Une distinction nécessaire

Les informations officielles sont celles qui sont en rapport avec l'objet de l'intervention.

Un travail d'audit des ressources humaines passe par une connaissance du nombre de personnes présentes dans l'organisation, des types de contrats qui les lient, de la composition des équipes, du mode de recrutement, des procédures de licenciement, etc.

L'intervention auprès d'une famille qui se questionne sur les problèmes d'intégration scolaire d'un de ses enfants oblige à connaître son niveau d'études, ses forces et faiblesses, ses

> possibilités de mobilité géographique, les raisons objectives qui motivent son changement de trajectoire, etc.

Les informations officieuses sont celles qui sont données indirectement, en étant glissées volontairement ou non lors des contacts. Elles ne sont donc apparemment pas en relation avec le motif de l'intervention, mais parfois le système rencontré pense utile de les donner afin d'aider à la compréhension générale de la situation. Celles qui sont données volontairement sont souvent précédées par des périphrases telles:

- « Il faut que vous sachiez également… »
- « Je dois également vous signaler que… »
- « Peut-être n'est-ce pas important, mais… »
- « Je me suis demandé s'il ne fallait pas mettre ceci en relation avec… »

Celles qui ne sont pas données volontairement sont celles résultant de la dynamique relationnelle qui s'enclenche entre l'intervenant et le système, et entre les membres du système. La plupart sont du domaine de l'analogique, de ce qui ne se dit pas mais se vit, se ressent, se perçoit. Cette dimension, certes moins objective, est à prendre en compte également.

> Il s'agit d'une réunion de préparation d'une formation à la communication. Elle se passe avec le responsable de la formation et certains de ses collègues. Tout d'abord, on fixe le nombre de personnes, le lieu, le prix, la durée, les objectifs, les moyens d'évaluation (informations officielles)
> Ensuite, le formateur pressenti reçoit comme informations supplémentaires (informations officieuses volontaires) que cette formation ne devait pas avoir lieu mais qu'elle est imposée, que les personnes qui la suivront connaissent déjà en grande partie la matière dont il est question, que le formateur devrait communiquer un avis personnel et confidentiel sur chaque participant, qu'un représentant de l'organisation demandeuse

pourra à tout moment entrer dans la pièce, que cela se fera au siège de l'organisation. À tout cela, il faut ajouter les impressions et les observations (informations officieuses non volontaires) de l'intervenant. Il constate notamment des éléments de l'ordre du fonctionnement du système : le responsable de formation ne semble absolument pas intéressé par le processus décrit, ses collègues s'expriment avec un certain mépris à son égard, il y a de fortes tensions entre eux. Par ailleurs, les questions complémentaires posées par le formateur restent sans réponse ou particulièrement évasives, comme s'il y avait danger à y répondre. Apparemment, les interlocuteurs considèrent eux-mêmes que cette formation n'est pas utile. En outre, le responsable de formation semble particulièrement déprimé et fatigué.

La première réunion de travail sur la création d'un outil d'évaluation se réalise avec un groupe de membres du personnel. Le consultant apprend que les personnes n'ont pas reçu la moindre information sur ce qu'ils sont censés faire, que des bruits courent qu'il s'agit d'un examen à passer, qu'ils ont été choisis par la DG comme étant les « bons élèves », que les chefs de service se plaignent de leur absence.

Des précautions à prendre

L'intervenant possède ainsi une grande richesse d'informations. L'utilisation de celles-ci mérite une sérieuse attention ; en effet, le fait que l'intervenant externe soit consultant, formateur ou thérapeute modifie totalement la façon dont il pourra faire explicitement référence aux informations collectées.

> Pour faire simple, on peut dire que plus le motif
> de l'intervention est d'ordre relationnel (thérapie),
> plus l'intervenant sera en mesure d'utiliser
> les informations d'ordre analogique.

Le thérapeute de famille, lors d'une séance, observe qu'à chaque fois que le père s'exprime, la mère regarde dans le sens opposé et fait mine de se préoccuper d'autre chose. L'hypothèse qui peut venir à l'esprit de l'intervenant est qu'il y a une relation de cause à effet entre ces deux manifestations. S'il le juge nécessaire à la progression de la thérapie, il se peut qu'il fasse une intervention sur la base de cette hypothèse. Celle-ci provoquera sans doute des réactions chez les membres de la famille, mais jamais il ne sera reproché au thérapeute d'avoir fondé celle-ci sur ces « informations officieuses non contrôlées ». Il est en effet normal que dans une séance de thérapie l'intervenant fonde ses interventions sur ces éléments d'informations.

Mais il n'en est pas de même dans les interventions de consultance. S'il est vrai que le consultant est souvent un spectateur qui observe des jeux relationnels complexes où des sentiments s'expriment, il doit se garder, en tout cas au début de son intervention, d'en faire état. Cela ne signifiant nullement qu'il doit rester aveugle et sourd à tous ces éléments, bien au contraire. Le problème qui se pose à lui est de l'ordre du paradoxe : comment va-t-il faire entendre à son client, à ses interlocuteurs, qu'il a compris des choses, qu'il fait des hypothèses, alors qu'officiellement il n'est pas là pour cela… or, pourtant ! Nous verrons dans la partie qui parle de la « relation de confiance » qu'il y a beaucoup d'ambiguïté dans les attentes dont le consultant est investi.

Ce consultant vient de rencontrer le responsable d'une organisation. Il lui demande de mettre au point d'une charte et ce, en collaboration avec le service communication de l'organisation. Les échanges sont très rapidement cordiaux. Beaucoup d'affinités semblent rapprocher les deux hommes. Le responsable, dans le dernier tiers de l'entretien, mentionne des informations qui le concernent personnellement. Il demande même un conseil précis au consultant afin de régler un problème relationnel qu'il a constaté et qui le met en difficulté. Le professionnel du conseil répond à la demande. L'entretien se termine par une chaleureuse poignée de mains et

> la promesse de rapidement faire une offre d'intervention. Dans l'introduction de celle-ci, et avant le développement technique propre à l'intervention demandée explicitement, le consultant fait état d'un contexte relationnel actuellement difficile et inscrit la demande de charte dans ce contexte. Le client ne donnera pas suite à cette proposition. Il considère comme une maladresse inadmissible d'avoir mentionné les difficultés auxquelles il a fait allusion.

Ainsi, s'il est vrai qu'à côté de toute demande explicite (celle qui est dite, le message, la demande officielle, le motif de l'intervention), il y a une demande implicite (non dite), il est en général très mal venu dans le cadre d'interventions de consultance d'expliciter l'implicite.

En d'autres termes, si ce n'est pas dit,
cela ne signifie pas qu'il ne faut pas l'entendre
mais bien qu'il ne faut pas le répéter.

Deux dimensions de l'intervention : matérialité et immatérialité

La dimension matérielle est ce qui justifie l'intervention : un contrat de gestion, un outil d'évaluation, une charte, une méthode d'animation de groupe, une enquête, un audit, un coup de sonde.

La dimension immatérielle est ce qui gravite autour ; il s'agit essentiellement de tout l'aspect relationnel, de la gestion du processus ; en fait, de tout ce qui ne se voit pas directement mais dont l'importance est grande pour appréhender notamment l'adéquation entre le motif de l'intervention et les capacités d'évolution du système.

115

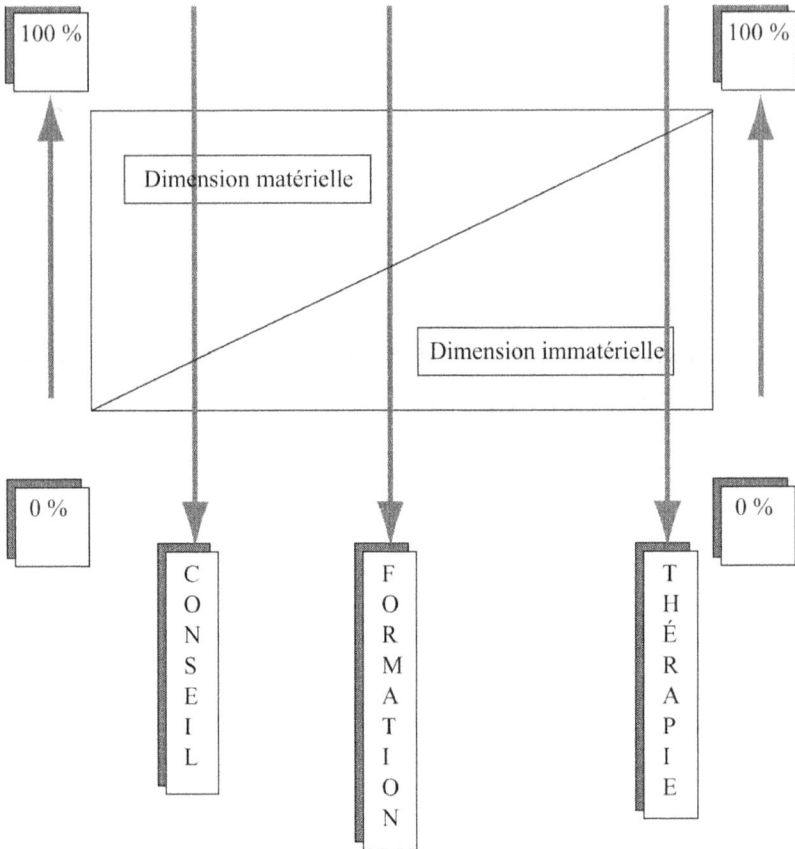

La distinction des proportions

Ce tableau donne une vision, certes arbitraire et contestable sur le plan des proportions représentées, de l'importance des deux dimensions en fonction des types d'intervention. Il faut également tenir compte de la possibilité de fluctuation dans le temps de l'intervention.

En langage simple, on peut interpréter le schéma comme ceci :

➤ Dans les interventions psychosociales (thérapie), la demande est d'emblée centrée sur des problèmes d'ordre relationnel. Dans ce contexte, l'intervenant peut donc légitimement interroger la situation sur le plan « immatériel », qui devient l'axe central de l'intervention, et, accessoirement, proposer des pistes concrètes sur le plan « matériel », afin de soutenir l'action relationnelle.

➤ Dans les interventions de formation (à orientation sociale et psychologique), la répartition est différente. En effet, si la dimension immatérielle est importante, il est essentiel que des outils, des méthodes, des grilles, des concepts, de la théorie viennent objectivement asseoir du travail de type relationnel.

➤ Dans les interventions de consultance, ce qui est vendu (le plan « matériel ») est supérieur à ce qui ne se voit pas. C'est assez logique, dans la mesure où, d'une part, le pragmatisme prédomine et, d'autre part, les pratiques commerciales obligent, d'une certaine façon, à faire correspondre des productions concrètes (notes, compte rendu, analyses, audit, document de synthèse, etc.) à la sortie concrète d'argent sonnant et trébuchant. Néanmoins, notons que la part d'immatériel n'est pas absente. Ce point est crucial pour comprendre la spécificité de l'intervention de conseil, notamment. Nous y reviendrons.

Les schémas qui suivent rendent compte de cette prise en compte des aspects matériels et immatériels selon le type d'intervention :

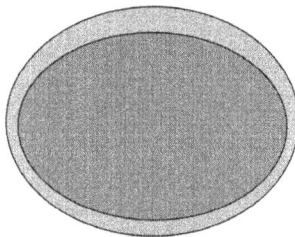

L'intervention psychosociale

Le cœur de l'intervention, en gris foncé, est d'ordre relationnel et les aspects plus concrets, en gris clair, sont explicitement au service du relationnel. C'est pourquoi nous gardons des valeurs de la même gamme (le gris clair par rapport au gris foncé).

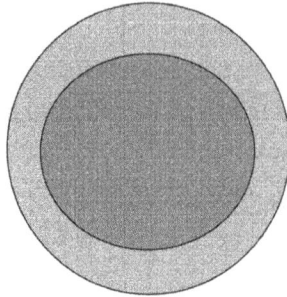

L'intervention de formation

De nouveau ici, nous constatons que l'intervention est de la même veine. Le demandeur reste dans la même « tonalité » lorsque, sur la base d'un travail relationnel (jeux de rôle, analyse de situation vécue, supervision collective, etc.), l'intervenant introduit des éléments théoriques qui étayent la réflexion et renforcent le processus d'apprentissage de façon concordante.

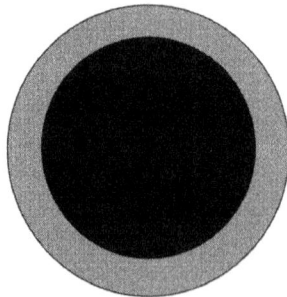

L'intervention de consultance

Le schéma est bien différent dans ce cas-ci. Les prestations attendues par l'intervenant externe sont en noir. C'est ce qui est officiellement vendu, (ce qui est inscrit dans le contrat). En soutien à ces prestations, on trouve des éléments d'ordre relationnel et de gestion du processus, lesquels ne sont absolument par explicites. Le client sait qu'il a acheté le tout, mais il « fait semblant » de croire qu'il n'achète que ce qui est gris foncé.

CHAPITRE 8

LA CONFIANCE ET SES DÉCLINAISONS

À de nombreuses reprises le mot confiance est cité par l'intervenant externe en organisation. C'est essentiellement lors du processus d'intervention proprement dit que le mot « confiance » est mentionné. Je m'attarderai sur deux cas de figure : la relation de confiance et la consultance ; la confiance dans les compétences du client.

Relation de confiance et consultance

Je voudrais ici soumettre une explication sur ce phénomène de qualification d'une relation, professionnelle avant tout. On pourrait en effet penser que cette dimension « intime » de la relation n'a pas sa place dans le secteur de prestations intellectuelles payées par le client. Or, la réalité nous montre le contraire. Il est vrai que toute intervention s'inscrit dans une relation interpersonnelle au sein de laquelle le concept de confiance surgit.

Si l'on se réfère au schéma qui précède et à la distinction des deux niveaux propres à la relation de consultance, on peut faire l'hypothèse suivante :

Au cours de l'intervention, le consultant parle de relation de confiance lorsqu'il est en mesure de faire état d'éléments d'ordre relationnel qui lui sont donnés à connaître.

L'intervenant est à ce moment « autorisé » par le client à s'appuyer sur des éléments d'ordre immatériel, utiles dans la gestion de l'intervention.

> Le début de l'intervention du consultant remonte à un an. Il s'agit d'une mission d'évaluation du personnel ayant déjà débouché sur un rapport écrit qui a satisfait le client. Ce dernier, sensible aux recommandations de ce rapport, est d'avis qu'il faut effectivement poursuivre les nouveaux objectifs proposés par le consultant. Un de ceux-ci est la redéfinition de fonction des chefs de service. Lors de la discussion de cet objectif sensible, le client dit très explicitement sa stratégie en matière de ressources humaines, exprimant avec quelque émotion les difficultés qu'il éprouve à manager deux de ses proches collaborateurs, et demande au consultant des conseils sur ce plan. À la suite de cet entretien, le consultant fait explicitement état de la possibilité d'associer à l'intervention proprement dite une relation de coaching au manager. Le projet d'intervention est rédigé dans ce sens. Le consultant exprime sa satisfaction en ces termes : « On va pouvoir faire du bon boulot, il a confiance en moi. »

Une confiance « dangereuse »

Une fois ce niveau de « confiance » atteint, le consultant se doit de gérer cette relation de façon professionnelle. Cet exercice n'est pas évident. La tendance est grande de se laisser bercer par ce rapprochement d'un type nouveau. Le consultant est alors confronté au risque d'engluement évoqué par ailleurs. Le client exerce à ce moment une forme de séduction vis-à-vis de l'intervenant externe, qui, si on s'en souvient, est frustré de ne pas pouvoir faire état, explicitement, des éléments immatériels dont il a eu connaissance.

Ce mouvement de rapprochement sera donc d'autant plus « à risque » que la frustration en question aura été grande. Sur ce plan, l'aide de l'équipe, voire celle d'un superviseur, s'avère parfois très utile. Il s'agit en effet de rester professionnellement efficace sur le plan de l'intervention, tout en combinant la gestion de relations personnelles. Les deux niveaux étant souvent enchevêtrés, l'intervenant est à la fois confident et gestionnaire d'une intervention au sein d'un système humain.

Ce consultant travaille de longue date dans cette entreprise. Tout le monde le connaît, il salue tous les membres du personnel, il est apprécié. Son intervention fait partie d'une convention cadre renouvelée annuellement. Cette histoire d'intervention a créé des liens étroits avec certains membres du personnel, dont la responsable de la communication. Celle-ci lui demande s'il peut lui consacrer un peu de temps pour lui soumettre un problème. Elle lui dit qu'elle a confiance en lui et en ses conseils et qu'elle souhaiterait son avis sur ses problèmes conjugaux. Elle explique par le menu son désarroi et lui demande la confidentialité, ce à quoi il s'engage. La semaine qui suit, le directeur demande à lui parler. Il envisage de se séparer de la responsable de communication qui coûte cher et qui, depuis quelque temps, ne fait plus preuve de créativité. Le consultant se sent coincé par le secret.

Cet exemple, qui peut paraître quelque peu alambiqué, est néanmoins d'une grande limpidité par rapport à la complexité de ces réalités d'intervention.

Confiance et hypothétique renouvellement de contrat

L'analyse qui suit tente d'établir une relation entre les dépassements de prestations provoqués par la relation de confiance et le renouvellement de contrat. De quoi s'agit-il? Les interventions longues sont souvent l'occasion d'un rapprochement entre intervenant et client. On parle de confiance et on observe qu'effectivement, cette relation s'assortit d'occasions de rencontre entre client et consultant. Des repas, des réunions qui se terminent très tard par des discussions dont certaines peuvent être très personnelles. Ainsi, de proche en proche, le consultant devient détenteur d'informations parfois intimes, dont il sait qu'il ne peut pas faire état, déontologiquement parlant. Ces échanges influent de façon importante sur la gestion du temps de l'intervenant. Par rapport aux jours officiellement prévus pour s'acquitter de sa mission, il est en dépassement de x % par rapport au contrat.

Selon mon analyse, je fais l'hypothèse que cet état de choses met le client dans une position de redevabilité implicite par rapport à l'intervenant. En clair, ils savent tous deux que l'un (le consultant) a accordé plus de temps que prévu à l'autre (le client) et que ces prestations ne lui seront pas payées. Dans ce sens, on peut se demander si ce capital de temps, investi à fonds perdus, n'est pas celui qui permet au consultant « ami » de poursuivre la relation à travers d'autres missions qui lui seront officiellement confiées.

> Ce bureau travaille depuis plus de cinq ans avec ce client. La satisfaction des premières missions a justifié très normalement la possibilité de faire appel à ce même bureau pour des missions qui se sont succédées. La relation de confiance s'est établie et s'est exprimée de façon très explicite à plusieurs reprises. Le client reconnaissant que les demandes qui sont formulées et qui débouchent sur des interventions le sont parce

© Éditions d'Organisation

> que seul ce bureau possède la connaissance nécessaire à les satisfaire. Pour des raisons de changement de direction, le client initial, qui reste toutefois présent, n'a plus la latitude nécessaire pour engager le bureau dans un nouveau projet.
>
> La relation de travail étant néanmoins toujours effective, il se fait que de nombreuses prestations s'effectuent hors cadre contractuel (dans la perspective d'une régularisation la plus rapide possible de cette situation). Le temps passe cependant sans que celle-ci ne se réalise (et la redevabilité augmente). Quel n'est pas l'étonnement du bureau de conseil lorsqu'il apprend que son client, le recommande régulièrement à d'autres organisation (prescription).

Cet exemple montre les possibles effets de la redevabilité sur les comportements du client. Ces phénomènes sont rares, mais ils peuvent exister. Ils ne constituent pas pour autant une stratégie consciente de la part de l'intervenant. S'il en était ainsi, on pourrait parler de manipulation pure et simple, ce qui, selon moi, serait plus que critiquable. Mais je pense que ce risque est faible. L'intelligence et la sensibilité des clients permettent de déjouer ces éventuelles manœuvres.

La confiance dans les compétences du client

L'intervenant, aux prises avec la réalité du système, peut douter des compétences du client. Ce phénomène est fréquent et il est d'ailleurs logique, quel qu'en soit le bien-fondé, dans la mesure où le système lui-même s'est officiellement positionné de cette façon. En effet, pour simplifier, on peut dire :

> Si le système était si compétent,
> il n'aurait pas fait appel à un intervenant !

Cette logique de raisonnement est imparable. Elle est par ailleurs renforcée par le client lui-même qui très souvent amplifie de façon exagérée les compétences présumées de l'intervenant. En voici quelques exemples :

➤ « Vous qui êtes spécialiste, vous savez sans doute ce qu'il y a lieu de faire ? »

➤ « Je n'ai pas fait les mêmes études que vous, donc je ne sais pas comment traiter ce problème. »

➤ « Je suis dépassé par les événements, mon fils m'en fait voir de toutes les couleurs. Vous qui avez étudié la psychologie, dites-moi ce que je dois faire. »

➤ « Mon équipe ne fonctionne pas bien, je n'arrive pas à les motiver. Voulez-vous bien animer quelques séances à ma place ? »

Ces petites phrases assez simples recèlent un double piège :

➤ Que l'intervenant accepte la définition de l'incompétence du client comme un fait avec lequel il va devoir composer.

➤ Que l'intervenant accepte de se substituer au client, le risque de disqualification étant très présent alors.

Ces « invites » de la part du client sont fréquentes et tentantes pour l'intervenant qui, du point de vue narcissique, apprécie énormément ce type de positionnement.

Quelle attitude prendre pour ne pas être non plus en porte-à-faux par rapport à la réalité, celle-ci étant que le système éprouve effectivement des difficultés qui l'amènent à faire une demande d'aide. Il est nécessaire de garder à l'esprit que le client est compétent. Par-là, j'entends qu'il s'agit de miser (de faire le pari) sur les compétences réelles ou à venir du système humain considéré[1].

---

1. On pourrait parler d'une position résolument optimiste.

Cette confiance dans les compétences du client a plusieurs vertus :

➤ Elle évite à l'intervenant de disqualifier le client.

➤ Elle met le client dans une position active et de co-construction[1].

➤ Elle anticipe les ressources du système, ce qui est favorable à l'émergence de celles-ci[2].

Clés pour l'intervention

Questions à poser par l'intervenant au client :
Quelles sont les solutions auxquelles vous avez pensé ?
Dans le passé, comment ces questions se sont-elles résolues ?
Qu'est-ce que votre père vous conseillerait ?
Quels mécanismes de résolution de problème votre équipe utilise-t-elle habituellement avec succès ?
Quelle fut votre première idée d'amélioration ?
Comment les compétences de l'intervenant peuvent-elles être complémentaires à celles du système ?
Quelles sont les ressources de ce système humain ?

En travaillant de la sorte, l'intervenant fait donc le pari qu'il peut trouver de l'aide, des ressources, de la contribution, une participation, au sein du système. Certes, dans tous les paris, nous ne sommes jamais certains de gagner, cependant nous pensons que généralement le jeu en vaut la chandelle. Il s'agit donc d'une attitude recommandée mais qui n'est pas obligatoire. Elle demande de la part de l'intervenant la

---

1. La co-construction précise la notion d'accompagnement de l'intervenant. Il s'agit en effet, et ce, qu'elle qu'en soit la proportion, que le client occupe une place active dans l'intervention.
2. D'une part, il est agréable pour le système de s'entendre dire qu'il est compétent ; d'autre part, on observe combien cette conviction positive peut avoir des vertus stimulantes.

127

conviction d'être en mesure de s'appuyer sur des compétences dont il imagine l'existence. Si l'intervenant n'y croit pas vraiment, le client sentira de la fausseté dans l'attitude observée. Ce genre d'essai est alors voué à l'échec car les capteurs[1] du système, percevant un décalage entre ce qui se dit et ce qui se ressent, alertent le système qui qualifie l'intervenant d'hypocrite. Afin d'éviter de tels désagréments, souvent néfastes à la poursuite du processus, il est beaucoup plus sage que, logique avec lui-même, l'intervenant ne s'engage pas dans cette voie mais continue à assumer sa position de spécialiste.

---

1. Ce terme ne fait référence à rien de matériel. Il s'agit de cette faculté que possède tout système humain (certains plus que d'autres) d'être attentif à des éléments « immatériels » (comportements, attitudes, etc.) afin de valider (dans le sens de donner du crédit) ou non le discours qui accompagne l'intervention.

En pratique

INTRODUCTION

Cette partie contient des documents de travail personnels, relatifs à différents aspects du processus d'intervention dans lesquels j'ai été impliqué, directement ou indirectement. Ces documents, qui sont présentés sous forme de fiches, constituent un matériel concret qui devrait aider le lecteur à appréhender pratiquement les concepts théoriques présentés.

Cette option de la transparence comporte évidemment le risque de donner à lire des documents anciens qui, à la lumière actuelle, pourraient apparaître désuets. Afin d'actualiser celles-ci et sans prétention de posséder au jour d'aujourd'hui la « vérité », j'opte pour une position critique (analyse critique actuelle) afin de livrer mes réflexions actuelles.

Chaque fiche est organisée comme suit :

Fiche n°

Numéro de la fiche (l'ordre de présentation est aléatoire).

Date

Il s'agit de la date de rédaction du document.

Mots clés

Ces quelques mots clés servent à identifier quelques-uns des thèmes principaux développés dans la fiche.

Contexte général

Quelques mots présentent de façon rapide le contexte d'intervention.

Caractéristiques de l'intervention

Des informations complémentaires permettent de saisir l'objet de l'intervention, les acteurs impliqués, le type d'intervention, ses objectifs…

Extrait

Tout ou partie du document de l'époque. Essentiellement des notes, des extraits de rapport…

Analyse critique actuelle

Il s'agit ici du regard critique que je pose au moment de la rédaction de ce livre sur ces productions.

Complément théorique

La lecture de ces fiches est l'occasion de formuler des remarques théoriques qui s'articulent avec les concepts présentés dans la première partie. Il s'agit également de remarques originales et ponctuelles liées spécifiquement à ces situations.

COURRIER

Date : 02/1996
Mots clés : confiance – interface culturelle – confort

Contexte général

Échange de courrier avec un client (société de formation et de conseil) qui me demande de réagir à un article qu'il a écrit pour son journal d'entreprise.

Cet article développe l'intérêt de créer un répertoire de mots (sorte de *vade-mecum*) pour augmenter la qualité des relations entre les formateurs et les participants aux formations, et entre ceux qui prodiguent des conseils et ceux qui en bénéficient.

Caractéristiques de l'intervention

Cette intervention se passe hors du cadre contractuel. C'est une demande d'avis faite par un ex-client avec lequel je continue à entretenir une relation épistolaire.

Extrait de l'échange de courrier

Trois phrases de l'article en question entre guillemets et mes réactions qui suivent :

> *«... La formation et le conseil sont en effet les rares, voire les seuls domaines, où client et prestataires co-conçoivent "un produit" dont la fabrication s'effectue au fur et à mesure de leurs échanges. »*

➤ J'aime beaucoup le terme de co-concevoir le « produit » et cette présentation que vous faites du processus comme quelque chose de mobile « au fur et à mesure ». Cela laisse à penser qu'il existe à chaque rencontre une création originale et chaque fois singulière d'un produit... création singulière au sein de l'interface culturelle que constitue la relation.

> *«...Nous avons un intérêt à nous donner quelques points de repères communs qui nous permettront de non seulement gagner en efficacité mais surtout en confort. »*

➤ L'idée est intéressante car elle permet de parler de cette notion de confort de l'intervenant, souvent mal comprise. Je suis convaincu que le confort permet l'efficacité.

> *«...Elle tend à induire une évolution de la personnalité... »*

> ➤ La question de l'induction d'une évolution de la personnalité m'amène à poser certaines questions à chaud : qu'est-ce qu'une évolution, quels sont les points de repères qui permettent de la noter, comment acquérir le droit de poser ce regard sur l'autre, quels sont plus généralement les moyens d'évaluation ?

Remarque générale finale qui termine le courrier :

> ➤ Je me demande si ce guide ne risque pas de brider le consultant-formateur ou le formateur-consultant (au fait qu'est-il préférable de dire ?) dans sa créativité et sa disponibilité à l'égard du client. Je reste en effet convaincu de l'importance pour l'intervenant de cette imprévisibilité qui préside à toute rencontre professionnelle. N'y trouve-t-on pas ce sel grâce auquel peut naître un processus d'intervention original ?

Analyse critique actuelle

Cette intervention est une concrétisation de ce que peut produire une « relation professionnelle de confiance » entre un client et un intervenant. Il s'agit en effet d'un échange sur le plan des idées dont on observe, au niveau des modalités, qu'il se réalise avec clarté, franchise mais sans familiarité. Le vouvoiement en est le signe.

Complément théorique : le vouvoiement

Le vouvoiement est un signe qui ne trompe pas quant au maintien d'une certaine distance dans la relation, distance dont on sait qu'elle est un des éléments qui favorisent l'extériorité de l'intervenant.

En réalité, cette question du tutoiement ou du vouvoiement est souvent évoquée dans le travail relationnel qui accompagne tout processus d'intervention. En ce qui me concerne, la règle de base est le vouvoiement. C'est une balise qui permet d'éviter de s'égarer[1]. Dans la réalité, cependant, il n'est pas nécessairement facile de s'y tenir. Le client peut en effet inviter à cette forme de communication. Cette invitation est en soi un signe dont l'interprétation n'est pas aussi simple qu'on ne le croit.

De nombreuses hypothèses viennent à l'esprit, citons de manière non exhaustive :

> ➤ Il considère que je suis suffisamment proche de lui.
> ➤ Il m'accorde sa confiance.
> ➤ Il désire me traiter comme ses proches collaborateurs (qu'il tutoie)[2].

---

1. La balise rend plus facile le positionnement de l'intervenant. Considérant qu'au départ le vouvoiement est l'attitude préconisée, il sait, s'il s'en écarte, qu'il fait un autre choix. Ainsi, s'il adopte le tutoiement, il est clair qu'il déroge à la régle. Cette dérogation nécessitant des précautions précises afin d'éviter une forme d'emgluement dans le système.
2. Notons combien cette invitation au tutoiement peut encore augmenter en complexité dans le cas où, par exemple, le client (un DG) ne tutoierait pas ses proches collaborateurs.

➤ C'est propre à la culture organisationnelle (tout le monde se tutoie).
➤ Il désire s'accorder mes faveurs pour bénéficier d'informations sensibles…
➤ Il tente de me manipuler car il me craint.
➤ Il me teste afin de voir si je vais accepter[1], etc.

Tout autre chose est l'initiative que prend l'intervenant de tutoyer le client. Dans la grande majorité des situations, cette attitude est considérée comme une erreur professionnelle et, partant, disqualifie l'intervenant.

Ne perdons pas de vue la différence que peut revêtir la perception des gens par rapport à cette forme de langage. Or, comme on est sur le plan du non-dit[2], les risques de dérapages sont fréquents. Si nous distinguons les intervenants en organisation de ceux dont l'objet de travail est la relation (les intervenants psychosociaux, les thérapeutes, les formateurs dans le domaine social…), nous observons une application de la règle bien plus souple chez les uns que chez les autres. Chez les premiers la tentation est souvent grande de céder à l'invitation du tutoiement. Mon hypothèse est que cette pratique de langage donne l'occasion à l'intervenant en organisation de se rapprocher de l'aspect immatériel de la communication, dont on sait qu'il n'y a pas officiellement accès. Chez les seconds, il est très rare que le client invite au tutoiement. Ce qui s'observe, ou plutôt qui s'entend, ce sont des lapsus de la part du client qui commence sa phrase par « tu », puis se reprend, s'excuse (quand il s'en rend compte) et dit « vous ».

Est-ce donc à dire que le tutoiement est à bannir ? Certainement pas s'il s'inscrit dans une relation gérée de façon professionnelle.

---

1. Le refus peut s'envisager d'autant plus qu'il est fréquemment interprété comme une forme de compliment adressée au client qui y voit une forme de respect de sa position.
2. Les gens ne métacommuniquent pas sur cette relation. Chacun s'imagine des choses, sans doute bien différentes, sur ce que cette forme de rapprochement permettra pour la suite de l'intervention.

Fiche 2

RAPPORT FINAL D'INTERVENTION

Date : 07/1997
Mots clés : fusion – perception – objectivité – culture d'entreprise

Contexte général

Nous intervenons auprès d'une structure nouvellement constituée, qui est le résultat de la fusion de plusieurs entités (sites) progressivement venues s'accoler à la structure mère. Le client, soucieux de fédérer l'ensemble autour d'un projet et d'une culture commune, demande un diagnostic au consultant et des propositions de solution, s'il y a lieu.

Caractéristiques de l'intervention

L'intervention consiste essentiellement à recueillir sur le terrain des informations suivant une méthodologie participative. Il ne s'agit pas d'un audit[1], terme particulièrement craint au sein de cette structure.

Extraits du rapport

Ce schéma, intitulé « Synthèse des perceptions », est le résumé des perceptions collectées lors des interviews du personnel. Les quatre sites, dont la maison mère, ont été rencontrés – les trois autres (A, B, C) sont venus se greffer au fil des années.

La première ligne indique la date de la fusion. La deuxième livre une phrase clé qui donne un avis majoritairement partagé sur la fusion. La troisième ligne fait état des conséquences fréquemment mentionnées de la fusion.

	Maison mère	Site A	Site B	Site C
1re		Fusion en 1984	Fusion en 1991	Fusion en 1996
2e	« Pour nous aussi, ça a changé. »	« On a déjà dit merci. »	« Merci. On a des projets. »	« Un grand merci. »

---

1. Cette information est d'importance, dans la mesure où, grâce aux contacts et aux informations qui nous permettent d'instruire le dossier, il est fait état d'un audit réalisé il y a quelques années et qui a laissé des traces encore fraîches dans les esprits. Cela nous a permis de prendre les précautions nécessaires pour donner au personnel les informations lui permettant d'accepter notre intervention, et ce notamment en l'impliquant dès le début du processus.

(Suite)

3^e	Il n'y a plus d'âme. Peu de culture d'entreprise. Nous avons grandi trop vite. Les autres, de quoi se plaignent-ils?	Stress. Manque de reconnaissance. On n'est pas des clones. Si ça continue, nous allons perdre toutes nos spécificités.	Nous n'avons pas envie de copier la maison mère. Nous avons nos spécificités. Tenez-nous au courant (nous sommes loin).	Nous sommes prêts à nous battre. Les effets sont positifs.

> *« Pour information, une des solutions préconisées par le consultant est l'organisation de formations inter-sites permettant la circulation des ressources humaines et favorisant le mélange des cultures propres à chaque site. »*

Analyse critique actuelle

Ce schéma rend compte de la perception des différents membres du personnel. Gardant à l'esprit que ce rapport est réalisé en 1997, on constate que le dernier site fusionné (C) est celui qui semble le mieux se porter.

Le remerciement diminue progressivement pour les deux autres sites (1991 puis 1984), au point que pour le premier site fusionné le remerciement n'est plus de mise mais que la revendication de spécificités se fait jour. Cette progression dans le remerciement est un signe de différenciation des sites, mais cette différence est loin d'apparaître suffisante. On observe en effet des revendications de spécificités qui mettent à mal l'idée d'un projet unique fédérateur.

Une remarque par rapport à la maison mère: on a souvent tendance à ne considérer la fusion que sous l'angle de ceux qui vont perdre leur identité culturelle en se fondant dans une entité plus grande. Cette vision laisse inopportunément de côté le point de vue de ceux qui se voient soudain affubler de nouveaux « frères ou sœurs » débarquant dans leur famille.

Quelques questions viennent à l'esprit pour appréhender les effets de ces processus de fusion:

➤ Comment vous a-t-on averti de la fusion?

➤ Quelle fut votre première réaction?

➤ Qu'allez-vous y gagner, qu'allez-vous y perdre?

➤ Quelle est la valeur culturelle à laquelle vous tenez le plus?

➤ Quelles conséquences cela va-t-il avoir sur votre espace physique de travail?

➤ Allez-vous devoir partager?
➤ Quelle est la personne en qui vous gardez votre confiance?
➤ Quelles sont les questions que les autres (les étrangers) se posent?
➤ Êtes-vous absorbé ou absorbeur?

Sur un autre plan, la difficulté dans un travail de ce type est de traiter avec objectivité les données qui sont fournies par le personnel. Elles doivent être strictement fidèles à ce qui a été dit, et ce tout en employant des formules génériques. Le travail de restitution à partir du traitement de données sensibles fournies est un exercice parfois périlleux.

Complément théorique : l'objectivité

L'intervenant extérieur est souvent considéré comme étant objectif. Dans la foulée, on fait le procès de tout ce qui est subjectif.

Cette sempiternelle objectivité est un mythe. Tendre vers une attitude professionnelle responsable est plus réaliste et plus pragmatique, dans la mesure où plutôt que de nier l'existence d'éléments émotionnels, personnels, qui immanquablement surgissent chez chacun d'entre nous, il s'agit d'en assumer les possibles effets sur notre jugement. Autrement dit, il vaut mieux reconnaître que l'on est irrité par les propos de type raciste d'un responsable à l'égard d'un employé que de le nier.

Cette attitude qui tend à mettre l'intervenant dans une position de vigilance par rapport à ces réactions très humaines, en fin de compte, m'apparaissent « économiquement » plus rentables (au niveau de l'énergie mentale qu'on y consacrer) que de « faire semblant » ou de « faire comme si de rien était ». Ceci vaut autant pour les intervenants, pour lesquels la relation constitue officiellement leur objet de travail, que pour les intervenants en organisation.

Cette remarque concernant les aspects émotionnels liés à une perception étant faite, il n'en demeure pas moins vrai que le regard extérieur est plus propice à ce que l'on a coutume d'appeler l'objectivité[1], mais que j'aurais plutôt tendance à qualifier de subjectivité constructive et innovante. De façon laconique et un peu provocatrice, je suis enclin à penser que danger il y a quand un intervenant se cache derrière cette prétendue objectivité pour tout justifier.

---

1. Le système « achète » cette qualité. D'un point de vue strictement commercial, il serait donc ridicule de prétendre ne pas posséder cette qualité qui constitue une forme de sésame pour entrer en relation.

NOTE DE TRAVAIL SUR LA COORDINATION DES FORMATIONS

Date: 06/1999
Mots clés: logique d'offre – coordination – autorégulation – disqualification

Contexte général

Note adressée à un responsable de formation pour proposer mes services sur le plan de la coordination des formations. Cette offre ne débouchera pas sur un contrat d'intervention.

Caractéristiques de l'intervention

L'intervention s'inscrit dans une logique d'offre « pure et dure », c'est-à-dire qu'elle se réalise sans analyse préalable du contexte et des attentes du client. Elle ne s'inscrit donc pas dans une optique de vente à proprement parler[1].

Extraits de la note

« La coordination des formations ne se réduit pas à la gestion des prestations de formateurs internes ou externes. Le processus est continu, il boucle sur lui-même de telle sorte que les outputs *d'une formation constituent des* inputs *devant être pris en considération pour entretenir et soutenir la dynamique de progrès dans les compétences des ressources humaines.*

Le processus de formation doit être abordé avec lucidité et créativité:

✦ *Lucidité, d'abord, car la formation n'est pas la panacée, elle participe à l'évolution des hommes d'une organisation et, dès lors, est*

---

1. La démarche ici réalisée s'inscrit dans le but de mieux faire connaître ma vision d'un aspect de la gestion des formations. Le récepteur de cette note est ciblé comme susceptible d'être intéressé par ces considérations, mais la probabilité est évidemment très faible qu'il soit acheteur. Cette opération est donc tout à fait aléatoire sur le plan d'un rendement financier à court terme (cela s'est d'ailleurs confirmé).

susceptible de se confronter à des résistances au changement. Les maîtriser ou, mieux encore, les anticiper ne peut se réaliser que moyennant une attention particulière portée à l'histoire, donc à la culture d'entreprise. Cette dernière est le socle, le fondement sur lequel doit reposer la démarche.

*◆ **Créativité**, terme à la mode, certes, mais dont je souhaite préciser les limites. En effet, je suis opposé à des processus de formation non cohérents, voire dissonants. Mon expérience d'accompagnement de responsables de processus d'évolution m'a appris à n'envisager chaque input novateur que si, et seulement si, il s'inscrit suffisamment dans les valeurs de l'entreprise tout en introduisant, dans des limites tolérables, des éléments novateurs. Seules les décisions prises par la direction générale de promouvoir telle ou telle nouvelle valeur permettront de guider le choix et l'intensité des* inputs *formation "nouveaux".*

*Cette démarche d'**innovation contrôlée et dirigée** est selon moi celle qu'il s'agit de poursuivre si l'on ambitionne d'approcher par les formations la sempiternelle question de l'évolution des mentalités. »*

Analyse critique actuelle

Une première remarque vient à l'esprit, elle concerne le ton sur lequel cette note est réalisée. Il est assertif, à tout le moins. En effet, si les notions sont intéressantes et laissent à penser que l'intervenant qui les formule y a réfléchi mûrement, on peut se demander si les conseils préconisés ici ne sont pas paradoxaux par rapport au style. Car toutes les précautions dont il est fait état dans la manière d'aborder en douceur les processus de formation sont expliqués avec un style qui laisse peu de place à la discussion.

On peut ainsi franchement se demander si le récepteur n'a pas trouvé cette information maladroite. Celle-ci n'étant jamais qu'un point de vue parmi d'autres.

Quant au fond, nous nous attarderons sur quatre points :

➤ Le premier paragraphe fait référence à la notion d'autorégulation des systèmes ouverts (voir partie théorique) qui trouve ici une application très pertinente.

➤ La lucidité dont il est fait mention fait le lien avec la culture d'entreprise. C'est certes intéressant mais, d'un point de vue pratique, peu clair.

➤ Même remarque en ce qui concerne la créativité. En revanche, l'allusion au rôle de la direction générale est une bonne indication.

➤ En terminant sur la question de l'évolution des mentalités, qui fait couler beaucoup d'encre, je tente de susciter l'intérêt du client éventuel. Mais force est de reconnaître que ce thème, porteur certes, aurait mérité bien plus de développements.

Complément théorique : « il faut »

On sait que l'extériorité de l'intervenant lui confère une grande capacité de discernement. Il est ainsi souvent tenté d'utiliser de façon péremptoire les mots « il faut » au début de toutes ses phrases.

On note ici de ma part, de façon plus sophistiquée mais non moins déterminée, la même tendance : « ...ne se réduit pas à... », « ...des *inputs* qui doivent être pris en considération... », « ...doit être abordé... », « ...les anticiper ne peut se réaliser que... », « ...je suis opposé à... », « ...si et seulement... », « Seules les décisions prises par la direction générale... »

Cette concentration de petites phrases risque de provoquer de l'irritation (mais pour qui se prend-il ?) et/ou de la disqualification de la part de la personne qui reçoit cet écrit tout de go.

Je pense à deux cas de figure parmi d'autres dans lesquels ce message eut sans doute été plus recevable :

➤ Si cet écrit est donné à la suite d'une rencontre physique avec le client potentiel.

➤ Si cet écrit est produit par un intervenant possédant une notoriété reconnue en la matière.

NOTE D'INTERVENTION LORS D'UNE FORMATION COGÉRÉE AVEC LE CLIENT

Date: 09/1993
Mots clés: analogies – co-intervention – rétroactions – triades

Contexte général

Note adressée au client avec lequel je gère (co-intervention[1]) une formation de formateurs. La structure est un organisme de formation important.

Au-delà de l'objet même de cette intervention (détaillée dans la partie théorique sous le titre « Un cas d'école »), il s'agit ici de rendre compte de mes commentaires à propos du PV de la première réunion de formation que nous avons co-animée.

Caractéristiques de l'intervention

Cette intervention consiste à renvoyer un *feedback* et des hypothèses au client. C'est, entre autres choses, sur la base de celles-ci que la suite de l'intervention de formation se mettra au point entre les deux intervenants (un interne et un externe).

L'intervenant interne est le responsable des ressources humaines (X) et l'autre, le consultant externe, moi-même. Les personnes réunies dans cette formation sont invitées par X. Elles ne se connaissent pas toutes.

---

1. Par co-intervention on entend habituellement l'intervention de deux acteurs appartenant à la même structure, au même service, à la même organisation. Il s'agit à ce moment d'un travail qui est cogéré par deux professionnels qui se connaissent et qui utilisent leur complémentarité au niveau des compétences pour travailler avec un système humain.

   Le cas de figure présenté dans cette fiche aborde une situation différente et singulière, dans la mesure où s'il s'agit bien d'une co-intervention au sens large, il s'agit plus particulièrement d'une intervention momentanée avec un acteur appartenant au système (voir dans « complément théorique » le point une co-intervention singulière).

Elles travaillent dans des régions différentes et offrent des prestations également différentes sur le plan du contenu.

Le client souhaite organiser une formation grâce à laquelle une culture d'intervention de formateurs puisse se faire jour. Il souhaite en effet que ces intervenants externes (formateurs), puissent adopter une méthodologie et des valeurs communes.

Extraits de la note

Explication du contexte : au début de la première séance de formation, je demande que trois personnes se proposent pour prendre des notes, de sorte qu'avant la seconde séance elles aient l'occasion de se concerter afin de produire un PV commun. Trois personnes (après un échange de regards et des petits conciliabules) se disent volontaires pour assumer ce travail.

Je reçois donc ce procès-verbal et, après l'avoir analysé, je rédige une note au co-intervenant (X). Les commentaires qui suivent lui sont donc adressés.

« Mes impressions :

✦ *Travail brillant car met de l'ordre, ou en tout cas un ordre, dans les échanges. L'intérêt ? Ce genre de formalisation s'élève au-dessus du débat.*

✦ *Très intéressant de noter que les échanges sont très peu personnalisés. C'est très habile (si c'est voulu). Il s'agit d'un phénomène lié au premier stade que l'on trouve dans les réunions d'équipe nouvelles. À savoir une première démarche qui tend à indifférencier les membres du groupe. (...) On peut faire l'hypothèse qu'il y a dans cette façon de faire la recherche d'une idéologie commune. C'est une phase nécessaire.*

✦ *Voici quelques formules qui témoignent de cette indifférenciation : "des craintes sont évoquées", "certains s'interrogent", "le groupe peut-il être utile ?", "certaines personnes précisent", "d'autres personnes souhaitent".*

✦ *Ultérieurement, nous pensons que nous aurons affaire à un processus de différenciation, peut-être à travers des conflits, mais néanmoins constructif.*

✦ *Dans cette première phase, je fais d'ailleurs l'hypothèse que les trois personnes ont pu facilement réaliser ce document. Mais qu'il n'en sera pas toujours ainsi. D'ailleurs, les trois personnes qui se sont spontanément proposées pour réaliser le document avaient vraisemblablement une histoire commune sur la base de laquelle ils ont pu concevoir très facilement cette collaboration ponctuelle.*

◆ *Les seules personnes à être citées personnellement sont les deux co-formateurs.*

◆ *Les deux animateurs sont en réalité non seulement à un autre niveau que le groupe mais à l'origine de la constitution du groupe. De plus, ils possèdent une histoire commune concernant l'élaboration du projet. »*

Analyse critique actuelle

Cet exercice de communication avec le client entre deux séances de formation est assez intéressant pour permettre d'entamer, en connaissance de cause, la phase suivante du travail. Le plan de formation est établi mais il doit tenir également compte des rétroactions formelles que constitue la production écrite commune sous forme de ce PV.

Nous sommes devant des formateurs qui ne se connaissent pas ou peu. Ma demande à leur égard a une double dimension :

➤ d'une part, elle demande leur contribution dans la réalisation du PV en postulant qu'ils pourront produire ce document unique sur lequel ils sont tous les trois d'accords ;

➤ d'autre part, elle demande à un trio de réussir cela. L'habitude est de demander au « bon élève » du groupe de faire le PV, à deux personnes parfois, mais rarement à trois. Il est évidemment plus difficile que trois personnes (3 = 2 + 1) soient du même avis.

L'analyse du PV, proprement dite, laisse apparaître une façon de rendre compte des échanges très peu personnalisée. Ce phénomène se passe assez souvent dans des groupes de personnes qui ne se connaissent pas et qui sont tous sur un pied d'égalité. C'est une manière pour chacun de se réassurer sur le fait qu'on ne court pas trop de risque à échanger. Cette phase « on » précède souvent la phase « je » de différenciation.

Remarquons également l'hypothèse faite quant à la phase de différenciation. Celle-ci est une anticipation[1] de la part de l'intervenant qui permet au client de se préparer à l'apparition de conflits interpersonnels.

Ces commentaires, cette analyse, cet échange initié par l'intervenant extérieur est l'occasion d'une prise de recul nécessaire à la gestion de phénomènes complexes. Ils s'inspirent de la technique de métacommunication (« communiquer sur »).

---

1. Cette anticipation n'a rien de prédictif. Elle fait part d'un scénario possible au client et le prépare ainsi à cette éventualité (préfiguration).

Autre conséquence intéressante sur le plan de la gestion du processus: le client est directement associé à la construction de la phase suivante et continue de s'impliquer dans la démarche. Cette co-responsabilité ainsi induite est une garantie de gestion en cohérence avec les besoins du client.

Cet aspect de la gestion se réalise également sur un mode analogique non dit. En effet, cette pratique d'intervention quelque peu sophistiquée ne fait habituellement pas l'objet d'un commentaire de la part de l'intervenant externe vis-à-vis du client. Le principe qui guide cette attitude de non-explicitation repose sur le fait de répondre à deux questions:

➤ Est-ce que le client aurait un bénéfice à connaître cet aspect?

➤ Est-ce que le fait de le taire risque de lui porter préjudice?

La réponse à ces deux questions étant très souvent négative, l'attitude préconisée est de ne pas en faire état. Cette attitude n'est évidemment pas rigide et une réponse positive à l'une ou aux deux questions devra modifier la « règle ». Il s'agira alors d'expliquer au client les critères analogiquement pertinents qui justifient les choix méthodologiques de l'intervenant externe.

Deux compléments théoriques

Approche par analogie *versus* analyse des rétroactions

L'organisation du *feedback*, suivant les modalités ici décrites, poursuit sur un mode analogique les objectifs du client. En effet, cette formation doit être l'occasion d'un partage d'expériences et de valeurs entre les membres du groupe. Ainsi, le fait de les solliciter sur le mode des triades est une façon de poursuivre cet objectif. De plus, ce système étant « tournant », trois autres personnes sont ensuite désignées pour le PV suivant.

En leur proposant cette tâche (production du PV commun), ils sont obligés de travailler ensemble. Ce travail entre les séances organise déjà les relations entre eux. En effet, ils doivent faire l'effort de se réunir puis de se mettre d'accord (un seul PV). Cette dynamique ainsi enclenchée augmente les chances d'atteindre les objectifs (construction d'un référentiel méthodologique commun). Il s'agit d'un dispositif analogiquement pertinent.

Une co-intervention singulière

Cette pratique d'intervention en collaboration directe avec une personne appartenant au système client est d'une grande richesse sur le plan de la gestion des processus. Elle est rarement réellement possible car elle repose sur un temps de préparation, de collaboration auquel le client ou son représentant est rarement préparé. De plus, elle nécessite un réel respect mutuel des acteurs.

L'association au cœur de l'intervention (ici une formation co-animée) d'un intervenant interne (le client) et d'un intervenant externe donne à l'intervention une qualité toute particulière. En effet, il s'exerce un continuel contrôle consenti de la part des deux acteurs quant aux choix des impulsions à donner ou non au système considéré.

Cette dynamique est, de mon point de vue, une des plus propices à l'organisation d'un processus d'évolution respectueux des systèmes humains.

NOTE MÉTHODOLOGIQUE EN VUE DE L'ANIMATION D'UNE FORMATION

Date : 05/1994
Mots clés : métarègle - analogie situationnelle

Contexte général

Il s'agit d'une formation adressée à des travailleurs sociaux qui travaillent dans le secteur de l'aide à la jeunesse. Le thème de la formation est « l'analyse de la demande ».

Caractéristiques de l'intervention

Cette phase prépare l'intervention proprement dite. Elle constitue le plan soumis au responsable de formation afin qu'il valide le type d'animation que je préconise.

Extraits de la note

« Travail sur la notion de choix de l'intervenant.

◆ *Question 1 : Demandez à quelqu'un de vous présenter.*

◆ *Question 2 : Pourquoi vous a-t-il choisi ? »*

Analyse critique actuelle

D'abord une explication complémentaire : les travailleurs sociaux qui constituent le groupe de formation viennent d'institutions différentes. Réunis autour de la table, je propose à la place du traditionnel tour de table qu'une personne choisisse une autre personne pour la présenter. Il s'agit bien d'une proposition, que certains acceptent (la plupart) et d'autres pas. Ces derniers se présentent personnellement. Cette consigne doit donc être souple (voir rigidité et métarègle).

Compléments théoriques

Rigidité et métarègle

Souvent les bonnes idées ne manquent pas à l'intervenant. Le tout est de garder une souplesse d'esprit qui permette de ne pas s'y enfermer. Lorsque je propose cette présentation dès le début, je sais que je suis à un moment clé de la constitution du groupe, parfois vécu avec tension par certains. Il s'agit donc de travailler sous forme de proposition.

Exemple de présentation de la consigne: « Je vous propose une présentation un peu différente de celle qui est réalisée habituellement. Il s'agit pour chacun d'entre vous de demander à une personne qu'il choisit de le présenter. Si vous ne souhaitez pas pratiquer de la sorte, vous pouvez vous présenter de la façon qui vous convient le mieux. »

Cette façon de faire donne de la souplesse à la consigne. La règle de présentation formulée est en effet accompagnée d'une métarègle (une règle sur la règle) qui permet de la contourner.

Analogie situationnelle

Cette présentation recèle un certain nombre d'analogies qui sont ensuite précisées une fois l'exercice de présentation (dite croisée) réalisé. En utilisant cette consigne: « Demandez à quelqu'un de vous présenter », on met le participant à la formation dans une situation analogue à celle des personnes qui adressent une demande à des intervenants sociaux. Détaillons:

Situation de la personne qui sollicite de l'aide	Situation du participant en formation
Elle est tendue.	Tension chez le participant.
Cette demande est importante pour elle.	L'image qu'on va lui renvoyer (à travers cette présentation) est importante.
Elle espère une réponse.	Il espère une réponse[1].
Elle espère une réponse positive à sa demande.	Il espère que la présentation qui sera faite de lui sera positive (dans le sens de favorable, gratifiante).
Elle choisit cette institution-là (cet intervenant social-là) plutôt qu'une autre.	Il choisit ce participant-là plutôt qu'un autre.
Elle dispose parfois de peu d'informations avant de se lancer dans la démarche de demande.	Pratiquement aucune information sur les personnes qui se rencontrent pour la première fois. Donc la personne sollicitée est celle qui semble la plus adéquate.

1. Lors d'une formation, une personne du groupe a sollicité le participant qui lui fait face. Celui-ci, visiblement très surpris, reste sans voix, puis dit qu'il ne s'y attendait pas. Il se risque ensuite à une présentation très maladroite qui sera vécue très difficilement par la personne demandeuse. Cet épisode, analysé dans un second temps, a permis au groupe d'appréhender les attentes inhérentes à toute demande et, partant, combien l'intervenant doit en être conscient s'il ne veut pas décevoir (parfois durement) la personne qui a sollicité l'aide.

Pourquoi vous a-t-il choisi? Cette question est également très intéressante sur le plan des analogies. En effet, elle interroge la personne choisie sur les raisons qui, selon elle, ont justifié ce choix.

Le simple fait de s'en inquiéter est l'occasion de se rendre compte que cela dépend des informations dont on dispose avant de faire des choix. On remarque ainsi qu'en fonction des individus (participants à la formation), les informations qui permettent de prendre le risque de demander à un étranger de vous présenter sont très variables et parfois ténues.

Par analogie, cet exercice permet aux professionnels d'appréhender le processus de prise de risques qui est au centre de toute demande d'aide. En effet, les bénéficiaires de l'aide sociale, en général, vivent des situations problématiques par rapport auxquelles ils doivent prendre le risque de demander l'intervention d'un professionnel. La question des informations dont il dispose pour réaliser le choix du « bon »[1] interlocuteur peut ainsi se discuter.

Le débat est ainsi lancé et le processus de formation bien engagé.

---

1. Entendre celui qui convient le mieux au demandeur à ce moment-là.

Fiche 6

Présentation d'un projet de méthodologie « projet » dans le cadre d'une coordination

Date : 09/1995
Mots clés : proposition d'intervention et myopie - coordination - décideur - métaphore

Contexte général

Projet de formation construit à la demande du responsable de formation d'une organisation non marchande.

Caractéristiques de l'intervention

Cette intervention s'inscrit au niveau de la phase « proposition d'intervention » du processus d'analyse de la demande. Au moins deux rencontres personnalisées ont donc précédé cette proposition d'intervention écrite. Celle-ci est une note qui met essentiellement l'accent sur la méthode de travail préconisée.

L'objectif est d'aider la coordinatrice d'une structure de coordination centralisée à tenir compte des différents secteurs situés géographiquement hors de son « contrôle ». Pour ce faire, la démarche vise à former les coordinatrices de secteur à une méthodologie de gestion de projet qui sera construite par le formateur et les acteurs de terrain.

Pour information, cette proposition ne débouchera pas sur une intervention de formation. Mon hypothèse est que cette proposition était trop en phase avec les attentes du responsable mais ne tenait pas assez compte des résistances du système organisationnel (voir infra).

Extraits de la note

« 1. Le projet de formation tel que nous l'avons conçu comprend différentes phases qui s'enchaînent jusqu'à la production d'un document

*de travail final, objectif de la formation. Celui-ci sera un référent méthodologique de la coordination, sorte de **grammaire** qui permettra que **tous parlent le même langage**, sans que les **accents de chacun** soient niés. (…)*

2. Nous insistons d'ores et déjà sur l'intérêt de réaliser une évaluation après six mois. En effet, la confrontation du référent méthodologique à la réalité de terrain est toujours une source de progrès. De plus, pour les personnels impliqués dans une nouvelle pratique de coordination, ce processus de validation est en soi porteur de considération.

3. La coordination recèle d'emblée le risque de l'indifférenciation pour les personnels concernés. Cette crainte de ne pas être reconnu dans ses compétences professionnelles spécifiques se gère fréquemment de manière conflictuelle, ultime moyen de se différencier, de revendiquer une identité.

4. L'analyse des besoins réalisée par le responsable de la formation a parfaitement négocié cette difficulté en privilégiant, dans un premier temps, un travail avec des groupes homogènes, puis, secondairement, en confrontant les idées dans un groupe hétérogène. Cette technique de travail est en soi inductrice d'une idée pragmatique de la coordination respectueuse des différences. Notre intervention de formation à la « méthodologie projet » tentera de s'inscrire dans la cohérence de cette phase préliminaire. »

Analyse critique actuelle

À la relecture, cette note de présentation me paraît quelque peu complexe. Elle est en fait le résultat d'un échange très intéressant entre le responsable de formation et moi-même. Cette note devient ainsi une validation de notre façon commune d'appréhender la réalité du projet. C'est un peu comme si l'intervenant et l'interlocuteur privilégié se faisaient plaisir. L'intervenant est ainsi victime de ce que j'ai tendance à appeler une forme de myopie.

Cet échange ne tient pas suffisamment compte du décideur (le directeur général), qui n'a pas participé à nos échanges lors de l'analyse de la demande, ni de la personne qui occupe la fonction de coordination générale. Ces acteurs auraient utilement dû participer à une réunion préparatoire.

Outre les éventuelles difficultés de compréhension au niveau du processus proposé – la note se poursuit par une représentation schématique compliquée des différents temps de la formation –, il y a donc une sorte d'aveuglement de la part de l'intervenant externe qui, fort de ce contact privilégié avec le responsable de formation, imagine par conséquent que l'ensemble du système est acquis à son raisonnement.

Compléments théoriques

La métaphore (point 1)

L'utilisation d'une image pour expliquer est souvent très didactique. Cette image, qui peut s'imposer assez naturellement à l'intervenant, a le mérite de faire changer complètement de registre, de logique. Pour être efficace, elle doit être simple afin d'introduire de la clarté dans les propos. C'est le cas ici.

Une autre utilisation de la métaphore peut également s'envisager lorsqu'il s'agit d'aborder des questions délicates, qui pourraient crisper les protagonistes. Cette façon de faire nécessite une plus grande habileté dans la maîtrise des relations, ne fut-ce que parce qu'elle s'utilise *in vivo* dans la conversation et non dans un écrit (comme dans cet exemple-ci).

Une évaluation transitoire (point 2)

Cette incise sur l'évaluation est importante. Elle introduit d'emblée auprès du client l'idée que le processus est vivant et qu'il importe de veiller à son déroulement par des prises d'informations formelles et régulières. Cette attention s'inscrit en droite ligne dans l'application du principe d'autorégulation des systèmes ouverts.

Le fait de mentionner que cela a des conséquences sur la considération du personnel est un argument fort. Il s'agit en effet de donner à ce principe non seulement des vertus correctrices (traitement des *outputs*) sur le plan de l'intervention mais aussi la dimension humaine qui y est liée.

La coordination (point 3)

La façon de présenter la coordination sous l'angle de l'indifférenciation est un choix délibéré. Il s'agit, dans ce contexte (et en fonction des informations « immatérielles » reçues), d'anticiper des réactions négatives à la mise en place de ce processus. L'effet d'annonce ainsi réalisé présente l'avantage de préparer autant le client que l'intervenant aux résistances qui pourraient survenir (préfiguration).

Une continuité (point 4)

Ce passage montre que l'intervenant fait l'effort de créer un lien entre le travail réalisé en interne et son intervention en tant que formateur. C'est une démarche importante dans la mesure où elle augmente les chances de concevoir une intervention la plus en phase possible avec les capacités de transformation propres au système humain avec lequel on entre en relation. Ce souci diminue le caractère intrusif de l'intervention.

Notons qu'ici, en l'occurrence, que si cette proposition ne s'est pas soldée par une formation, c'est sans doute parce que celle-ci n'était en cohérence qu'avec le projet d'une et une seule personne de l'organisation. Ce qui est peu !

EXTRAIT D'UNE NOTE ADRESSÉE À UN CLIENT
APRÈS UN TRAVAIL DE COACHING

Date : 10/1995
Mots clés : hypothèse – valeurs – proximité

Contexte général

Le document fait suite à une relation de coaching entretenue avec un dirigeant. C'est un homme public. Entre autres thèmes abordés avec lui, il y a les tensions fréquentes qu'il entretient avec la presse.

Caractéristiques de l'intervention

Cet écrit est un outil de travail. Il se réalise sur la base des notes du consultant qui, en reprenant du recul, est en mesure de réaliser une analyse. Celle-ci est ensuite envoyée au client et ce document peut servir de base à l'amorce de la rencontre suivante.

Extraits de la note

« Les médias

Ils vous énervent, c'est le moins que l'on puisse dire. Votre attitude envers eux est de rester extrêmement vigilant quant au traitement des informations qu'ils réalisent. Si nécessaire vous réagissez à leurs propos.

Vous prenez des positions face à la presse … et vous remettez les pendules à l'heure. Vous pouvez devenir féroce lorsque votre confiance a été trahie. Vos arguments sont alors cinglants et pertinents.

Hypothèse explicative

Dans ces rencontres, vos interlocuteurs sont interpellés, secoués par des propos qui les touchent en raison de leur profonde vérité quant aux valeurs fondamentales sur lesquelles ils reposent. Valeurs que tout homme de bonne volonté est censé respecter.

Votre discours, clair et plein de bon sens, renforce encore le poids de vos arguments et entraîne immanquablement des réactions chez vos interlocuteurs. Ceux-ci se retrouvent face à leurs propres contradictions, et aux difficultés de les gérer. En effet, pour des professionnels de l'information il peut arriver que les pratiques du monde du journalisme ne soient pas en accord avec leurs convictions personnelles.

En mettant, involontairement ou indirectement, le doigt sur ces distorsions, vous pourriez être en mesure de raviver une blessure et donc de provoquer une souffrance. Ceci pourrait être salutaire dans le meilleur des cas mais, dans le pire (sans doute bien plus fréquent), engendrer une haine féroce à votre égard... »

Analyse critique actuelle

Cette méthode de traitement *a posteriori* réalisée par l'intervenant est souvent efficace dans la mesure où, tout en tenant compte de l'ensemble des informations livrées lors de la rencontre, l'intervenant isole arbitrairement une séquence et y associe une hypothèse. Cela constitue pour le client un regard différent et différé sur la réalité qu'il vit.

Le ton employé est assez direct. Il peut laisser à penser que le consultant est proche du client. Il n'en est rien. Je pense que cette liberté d'expression est due à la liberté d'expression du client lui-même. Le consultant pourrait avoir été fortement influencé par la personnalité de son interlocuteur au point de tenter d'adopter un mode d'expression qui n'est pas nécessairement le sien.

Compléments théoriques

L'imitation

Le travail de coaching, tout particulièrement, ou toute relation qui amène l'intervenant à entretenir une certaine proximité avec le client, comporte une série de risques tels que celui-ci. Nous avons ici un phénomène qui ressemble à de l'imitation (mimétisme). L'intervenant, souhaitant être le plus en phase possible avec son interlocuteur, se retrouve, sans s'en rendre compte, en train d'adopter les attitudes communicationnelles de ce dernier.

Une attitude plus professionnelle devrait viser à rester plus en accord avec son propre mode de fonctionnement. La relation de conseil ne passe pas par l'imitation mais plutôt par la différenciation.

L'écrit

Nombreuses sont les vertus de l'écrit, on le sait. Son utilisation dans le contexte d'une relation de coaching a également beaucoup de valeur. J'en relève six qui me viennent à l'esprit :

➤ Il introduit un mode de relation complémentaire au mode verbal (qui prédomine dans la relation de coaching) et, ce faisant, il enrichit la qualité des informations échangées.

➤ Il maintient le lien entre les rencontres, de telle sorte que le client continue à travailler[1], à réfléchir au-delà de la simple rencontre physique.

➤ Il montre au client que le consultant travaille également « entre les coups » et qu'il peut produire des hypothèses originales après avoir pris du recul.

➤ Il est l'occasion de valider ou non des informations reçues.

➤ Il montre que l'intervenant peut prendre le risque d'écrire et de produire des réflexions originales sur des contenus parfois sensibles.

➤ Il fournit un matériel de travail susceptible d'éveiller de nouvelles réflexions.

L'interprétation

Dans cette note, l'intervenant fait part de son interprétation des faits. Sur la base de la relecture d'une séquence relationnelle, il fournit au client une vision totalement hypothétique sur la façon dont ces interactions ont été vécues. Il est clair qu'ici on ne cherche nullement la vérité. Le but n'est pas là. Il s'agit plutôt de soumettre une explication qui donne une signification à une complexité afin de permettre au client d'y voir plus clair dans ces contacts.

Évoquer la possible souffrance chez l'interlocuteur (journaliste), c'est introduire l'idée du souci pour l'autre. Cette façon d'introduire une nouvelle idée, ici une façon de se préoccuper des effets produits par des actes que l'on pose, se fonde sur la technique de préfiguration. Il ne s'agit donc pas d'imposer une vue des choses mais de soumettre une explication avec laquelle l'intervenant est en accord.

Notons, pour information, que lors de la rencontre suivante le client n'a fait aucune mention de cette explication. Cela pouvait laisser à penser qu'elle ne correspondait nullement à ce moment-là à sa façon de voir les choses. C'est d'ailleurs ce qui s'est confirmé par la suite.

---

1. Juste une remarque sous forme de conviction. Une intervention efficace est une intervention qui suscite le travail et l'activité de réflexion en dehors de la présence des intervenants. Dans le cas contraire, il est juste de s'interroger sur la relation de dépendance qui pourrait s'être installée entre le client et le conseil. Ces phénomènes ne sont pas rares, et ce tout particulièrement dans des relations qui durent dans le temps. On dira que l'intervenant, faisant partie du système, s'est organisé, volontairement ou non (peu importe), pour être indispensable. De façon plus négative, certains parleront de chronification de l'intervention.

Fiche 8

NOTE POUR CONSULTANTS IMPLIQUÉS DANS UN PROCESSUS D'ANIMATION DE GROUPES

Date : 04/1996
Mots clés : dynamique de groupe – expertise

Contexte général

Il s'agit d'un travail réalisé par une équipe de consultants dont je fais partie. L'intervention est de grande ampleur puisqu'elle intéresse quelques centaines d'acteurs. Les consultants encadrent des groupes de travail qui sont animés par des membres du système client appelés les coordinateurs. Il s'agit d'une forme de co-intervention.

Caractéristiques de l'intervention

La note est une note d'observation à l'attention de mes collègues consultants. Elle se base sur mes observations lors des deux réunions de coordinateurs auxquelles j'ai assisté en appui de l'animateur consultant.

Elle fournit des éléments sur le travail des coordinateurs et donne une idée de la dynamique de travail entamée dans certains groupes (deux ici).

Cette note est utilisée en interne par les consultants. Elle fait si nécessaire l'objet de réactions de l'équipe de consultants. L'objectif est de veiller à ce que, dès le début de ce large processus de travail, les consultants restent vigilants pour prendre en compte une série d'informations que les membres du système nous fournissent mais qui sont trop rarement utilisées. Elle affine aussi les modalités des co-interventions.

Extraits de la note

« Le groupe n° 9

Monsieur B (coordinateur) semble à l'aise dans son rôle. Il montre qu'il connaît les initiatives réalisées. Il appelle certains par leurs prénoms. Capacités à poser clairement le cadre général de l'intervention. Dans cette fonction, il s'appuie régulièrement (signe de tête, regards) sur le consultant pour demander son assentiment.

Monsieur B donne son avis personnel, s'implique et n'hésite pas à formuler des critiques.

Impression générale:

◆ *Coordinateur actif et proche des membres présents.*

◆ *Implication forte.*

◆ *Communication spontanée et franche.*

◆ *X se montre un allié explicite.*

Suggestion:

◆ *Dans un premier temps, la place à prendre pour le consultant pourrait être celle de ressource au service de l'animateur qui semble à l'aise lors de cette première réunion.*

◆ *Utilité de se tenir à côté de lui (spatialement).*

Le groupe n° 4

C'est monsieur V (coordinateur) qui anime le groupe. Il commence par un tour de table.

Le thème de discussion qui concerne l'argent est rapidement "pollué" par les réflexions inopportunes.

L'animateur est pris dans la même logique, il n'a pas la possibilité de donner au groupe la créativité nécessaire pour tenter de dépasser ces propos plaintifs.

Le groupe a beaucoup de très bonnes raisons de prouver qu'il n'y a rien d'autres à faire que ce qu'ils font déjà.

Impressions générales:

◆ *Ce coordinateur n'est pas un animateur, il le reconnaît lui-même.*

◆ *Le groupe est « lourd ». C'est peut-être dû au fait que les débats tournent autour de la question de la relation à l'argent, au profit. C'est un thème très sensible qui touche chacun personnellement et qui est à la croisée de deux logiques, celle du social et celle de l'économique.*

◆ *Les membres du groupe avaient besoin de montrer combien leur travail est difficile. Ils ont été entendus par Monsieur V. La cohésion du groupe s'est faite sur le mode de la plainte. C'est une cohésion malgré tout.*

Suggestion :

◆ *La prochaine réunion devrait les rendre plus positivement actifs sur des questions moins susceptibles de plaintes collectives.*

◆ *Monsieur V devra être activement aidé dans l'animation par le consultant.*

◆ *Ce groupe devrait être aidé à parler de ce qui fonctionne. »*

Analyse critique actuelle

Nous sommes ici devant une analyse sur la dynamique des groupes. Les notes réalisées visent à donner un premier *feedback* sur la capacité de production des groupes.

Cette analyse est renvoyée à l'équipe des consultants. On pourrait opportunément se poser la question de transmettre également cette note aux coordinateurs eux-mêmes.

Compléments théoriques

Observation et bénéficiaires

La pratique qui consiste à ce que des observations réalisées par un intervenant extérieur ne soient utilisées que par lui seul ou ses pairs fait penser à une méthode de type expertise, où un spécialiste ne dévoile les résultats de son analyse qu'à qui de droit.

Dans la gestion d'un processus d'évolution tel que celui qui est initié ici, il est tout à fait concevable que les coordinateurs puissent personnellement disposer de ces informations (adaptées si besoin au niveau de la forme) afin qu'ils puissent notamment progresser. De plus, je pense qu'une pratique plus transparente de la part du consultant sur ces questions est de nature à favoriser un dialogue constructif entre les parties.

Cohésion négative?

Un des groupes de travail établit sa cohésion autour de la plainte. Ce phénomène n'est pas rare au début des interventions auprès de groupes. Certes, et la remarque qui est faite reste judicieuse, les membres du groupe partagent ainsi un point commun, mais le fait que l'on soit dans le registre de la plainte peut être préoccupant, et ce tout particulièrement dans des secteurs où se plaindre est chose courante. En fait, on assiste à ce moment-là, à un effet lié à une culture d'entreprise commune où il est coutume de réagir de cette façon face au « danger ».

Ces manifestations aux allures négatives qui trouvent leur pertinence dans un ancrage culturel sont à repérer au plus vite dans un processus d'intervention. Selon moi, la première attitude susceptible de la contourner n'est pas de s'y opposer mais de la prendre en considération pour en évaluer l'importance. La démarche de reconnaissance est souvent nécessaire dans un premier temps. Elle évite la symétrie[1] souvent coûteuse en énergie.

---

1. L'attitude symétrique consisterait par exemple à tenter de rassurer les participants. Si celle-ci procède d'une réaction rationnelle, elle est susceptible de renforcer de la part de ces acteurs les peurs qui sans doute nourrissent la plainte. Prendre en considération celles-ci, tenter de leur donner un sens, et donc d'une certaine façon les justifier, pourra aider l'intervenant dans la suite de son positionnement.

Fiche 9

NOTE DE PRÉSENTATION
D'UNE FORMATION
DE CONSULTANTS

Date: 09/1999
Mots clés: processus d'intervention – approche systémique –
contrainte – amitié

Contexte général

Formation d'une équipe de consultants juniors. Je suis appelé par un
consultant avec lequel j'ai eu l'occasion de travailler fréquemment, et
notamment de le conseiller (coaching au consultant). Il dirige une
équipe de consultants et souhaite que je forme celle-ci.

Caractéristiques de l'intervention

Nous sommes au stade de la proposition d'intervention. Celle-ci fait
suite à trois entrevues avec le client.

Extraits de la note

La partie de la note ci-jointe est l'argumentaire.

> *« L'intervention en organisation, en tant que prestation de services
> intellectuels, est un véritable métier. Elle nécessite, au-delà de la
> maîtrise de "savoirs" et de "savoir-faire" sophistiqués, des habiletés à
> gérer une dynamique relationnelle complexe.*
>
> *Nombreux sont les consultants confrontés à des situations imprévues,
> survenant dans le cours du processus (démotivation soudaine, absences,
> agressivité verbale, interruption de l'intervention, changements par
> rapports aux accords, conflits ouverts…). Dans ces circonstances
> inconfortables, le consultant dépense énormément d'énergie pour tenter de
> résoudre ces difficultés afin de fournir des prestations de qualité. Il n'est
> cependant pas toujours satisfait des résultats qu'il obtient… Or, les
> risques d'ébranler la confiance du client sont importants, et, partant, le
> consultant peut perdre de nouvelles opportunités de contrats.*

Les deux journées de formation sont l'occasion de faire partager aux participants une vision nouvelle de l'intervention en organisation. Son objectif principal est de créer un vocabulaire commun au sein de cette jeune équipe afin que, dans les mois qui suivent, un véritable référentiel méthodologique se formalise.

Afin d'ancrer le plus rapidement dans la pratique ces concepts nouveaux, nous proposons de réaliser un accompagnement individuel volontaire des membres de l'équipe (coaching). Parmi ces outils de gestion, l'approche systémique occupe une place de choix (...). Elle permettra de réaliser des propositions d'intervention qui tiennent compte des spécificités de la demande ou de l'offre, ainsi que du contexte et de la culture d'entreprise. »

Analyse critique actuelle

Cette présentation s'adresse à un client « ami », qui est acquis au modèle et sait son utilité. Il utilise ce référentiel depuis des années. Néanmoins, il faudra trois rencontres pour aménager le cadre de l'intervention (gestion du processus).

La formation aura lieu. En revanche, la proposition de coaching ne se concrétisera pas. Cela n'est, à la réflexion, pas étonnant. Le client est la personne qui, en interne, va jouer naturellement (coaching interne) le rôle de première ressource. C'est un peu comme si je tentais de m'inscrire dans une relation d'aide similaire à celle que j'entretenais avec lui auparavant. Ce temps est révolu. Il assumera seul.

Compléments théoriques

« Amitié » et complexité du processus

Des liens se créent lors d'intervention auprès de systèmes humains, c'est inévitable. On pourrait croire que cela facilite nécessairement l'analyse de la demande, et donc l'intervention.

J'aurai tendance à penser qu'au contraire la difficulté peut augmenter. Le nombre d'informations à prendre en considération croît. On observe en effet une multiplication des niveaux d'informations qui gravitent autour de l'objet du travail. Pour n'en citer que quelques-uns: la situation personnelle de « l'ami », sa trajectoire professionnelle, ses ambitions, son histoire à laquelle on est parfois mêlé, l'explicitation d'une stratégie.

Bref, il s'agit de tenir compte de tous ces éléments mais aussi de pouvoir ne retenir que l'essentiel. Isoler les éléments les plus significatifs pour le client et construire l'offre s'avère un des moyens les plus utiles.[1]

---

1. Parfois plus difficile à faire qu'à dire.

Aide contrainte

La relation d'aide (coaching au consultant) proposée au terme de cette formation est explicitement qualifiée de « volontaire ». Cette façon d'inscrire cette intervention dans une logique de demande (celle du bénéficiaire, consultant junior par rapport à moi) se fonde sur l'observation suivant laquelle, en général, ce type de travail nécessite une part importante de motivation chez celui qui en bénéficie.

Je ne suis pas dupe et conçois que les contextes dans lesquels ces demandes s'effectuent peuvent, insidieusement ou non, mettre une pression sur le consultant (ou sur le système humain que l'on considère), qui du même coup devient demandeur (puisqu'il le faut).

Ce travail d'aide sous contrainte n'est pas en soi une entrave à l'intervention, et ce surtout si les bénéficiaires ont eu l'occasion de se prononcer sur cette contrainte, notamment sur leur façon de la percevoir[1]. C'est donc de la responsabilité de l'intervenant de questionner cet aspect des choses. Questionner sur la contrainte constitue une façon de ne pas avoir à en gérer les effets sans le savoir.

---

1. La perception de la contrainte est personnelle. Poser la question de son existence ou non, c'est permettre que le bénéficiaire parle sur celle-ci et exprime les émotions qui y sont liées (crainte, peur, opportunité, contrôle, confort, indifférence, plaisir...).

EXTRAIT D'UN RAPPORT FINAL CONCERNANT L'ENTRÉE DES NTIC[1] DANS LES SERVICES PUBLICS

Date : 12/1998
Mots clés : anticipation – rétroactions – changement – culture d'entreprise

Contexte général

Il s'agit d'une analyse détaillée qui vise à permettre au client d'anticiper les rétroactions des systèmes face à l'implémentation des NTIC dans des administrations.

Caractéristiques de l'intervention

Nous allons à la recherche d'informations pertinentes et travaillons par interviews réalisées auprès d'interlocuteurs choisis pour leur expérience en la matière. Celles-ci sont ensuite traitées afin de fournir des recommandations générales de type qualitatif.

Extraits de la note

L'extrait du rapport final :

« Préambule

Notre rapport permet de mettre en évidence un ensemble de signaux qui méritent qu'on s'y attarde si l'on désire éviter autant que possible les écueils actuellement observés dans les systèmes organisationnels. Les modifications occasionnées par l'introduction des NTIC sont nombreuses.

La première constatation est que nous nous trouvons devant un phénomène qui présente plusieurs facettes, évidemment interconnectées. Il s'agit donc d'un phénomène complexe. S'il est légitime de vouloir

---

1. Nouvelles technologies de l'information et de la communication.

l'appréhender dans sa globalité, il n'est, selon nous, pas inutile d'isoler les principaux éléments que nous avons repérés. Ce n'est que dans un second temps, qu'il sera possible d'approcher la dynamique du système dans son ensemble. Néanmoins, pour être pertinente, cette deuxième phase devra se réaliser au cas par cas, c'est-à-dire en tenant compte des histoires et des cultures de chaque système organisationnel.

Ne pas reconnaître qu'il s'agit d'un véritable changement serait une erreur. Certains, et nous en sommes, préfèrent au terme de changement celui de transformation. Ce dernier évoque l'idée d'une dynamique évolutive bien plus positive que le vocable de changement auquel s'associe si rapidement celui de résistance.

Détaillons maintenant ces éléments un par un :

*1 **L'information**. Elle se situe au cœur même du processus de transformation. Certes les avantages sont nombreux à faire circuler plus vite, de façon plus fiable, plus transparente, pour tous, en temps réel, les informations. Mais qui dit information dit pouvoir. Les jeux de pouvoir entre les membres d'une organisation s'organisent très souvent autour du fait de posséder ou non la bonne information au bon moment. Dès l'instant où tous possèdent cette information, plus de jeux de pouvoir ? Nous ne le pensons pas. Nous serions plutôt enclins à penser que l'outil va faire partie d'un nouvel arsenal qui modifiera les dynamiques de jeux de pouvoir mais ne les clarifiera pas.*

*2 **Le contrôle**. Plus de dossiers égarés, plus moyens de "faire semblant" de ne pas être au courant de l'heure de la réunion, du PV à approuver… Les courriers électroniques laissent des traces. Celles-ci pourraient être utilisées comme preuve en cas de conflits. Preuve à décharge et preuve à charge.*

*3 **La circulation de documents de travail**. Magnifique outil de circulation, le courrier électronique simplifie la tâche de transmission. L'enrichissement progressif d'un document entre les personnes impliquées dans une même matière est un plus dans la gestion du temps. Il reste cependant important de maintenir des lieux de discussion, de confrontation, d'échange, bref des lieux de rencontre entre personnes. Les méthodes de travail doivent être revues afin d'optimaliser cette force.*

*4 **La communication écrite**. Le courrier électronique tronque la communication car l'écrit devient prédominant au détriment des relations verbales. Tout le monde n'est pas à l'aise avec l'écrit et cette crainte du regard de l'autre peut en paralyser plus d'un. Afin de réussir l'appropriation de l'outil, il apparaît prudent de recommander dès le départ une utilisation purement organisationnelle (organisation des agendas, convocation aux réunions, transmissions de PV, informations de service…). C'est-à-dire des messages simples, courts et purement objectifs. L'apparition de messages plus complexes car plus denses, plus personnels, se fera naturellement ou ne se fera pas.*

5 *Les évaluations. Pratiquement aucun chiffre à disposition. L'intuition semble être le seul outil d'évaluation. Ceci dénote sans doute beaucoup de précipitation dans la mise en œuvre. Difficile de connaître les vraies raisons qui expliquent ce phénomène, même si le phénomène de mode a sans doute beaucoup joué. Quoi qu'il en soit, tout processus qui se réfléchit sans aborder dès l'entrée la question des critères et des moyens de l'évaluation est un processus mal engagé.*

6 **La concertation.** *Cette pratique de concertation semble particulièrement efficace non seulement pour la mise en œuvre mais également pour la phase de décision. En effet, associer le plus vite possible les forces vives de l'organisation au processus de transformation, c'est mettre beaucoup de chance de son côté. Grâce à cette technique de management, on peut percevoir d'emblée les résistances et tensions susceptibles d'émerger et par anticipation mieux les contrôler.*

7 **Ancrage dans la culture d'entreprise.** *Les NTIC ne vont pas changer les valeurs culturelles de l'organisation, en tout cas pas tout de suite. S'il est vrai que ces nouvelles technologies sont porteuses de nouvelles valeurs, dont la transparence, la responsabilité, la solidarité, celles-ci ne doivent pas s'imposer. On ne transforme pas par décrets. Nous préconisons de faire un diagnostic des valeurs présentes dans le système. Ce sont celles qui sont les mêmes ou les plus proches de celles qui appartiennent au système qui doivent être renforcées. L'ancrage culturel des NTIC est donc une condition essentielle à la réussite du projet.*

8 **La technique de dissémination.** *Celle-ci s'avère une réelle stratégie de mise en œuvre. En effet, à la faveur d'expériences pilotes réussies, un phénomène de contagion s'opère dans le système par des effets concentriques. Le risque d'avancer à deux vitesses est présent dans cette démarche (ceux qui participent et ceux qui ne participent pas); il s'agit dès lors pour le contourner d'assurer une large communication sur le processus en cours.*

9 **Les NTIC, vecteurs de crise.** *Personne ne reste indifférent. Les effets doivent être anticipés, sinon le système vivra des turbulences qui risquent de le mettre à mal. Aussi, soyons conscients que derrière une mise en œuvre mal préparée ou précipitée peuvent se trouver des velléités de déstabilisation, donc de prise de pouvoir par des individus peu scrupuleux.*

... »

Analyse critique actuelle

Cette partie du rapport a tous les signes d'un plaidoyer contre les NTIC, mais c'est sans compter avec d'autres éléments de l'analyse qui rétablissent par des arguments positifs la balance au niveau de la perception.

Le vocabulaire employé est très « systémique » et on peut s'en étonner. La raison en est simple: le client est lui-même un féru de ce modèle. Ceci justifie cela.

Compléments théoriques

Approche globale ou/et découpage?

Dans le préambule, je fais clairement état d'une démarche qui vise à isoler un certain nombre d'éléments d'un tout afin de mieux saisir ce dernier. Cette façon de faire pourrait choquer des adeptes « purs et durs » du modèle systémique pour lesquels le modèle dit cartésien[1] (qui préconise le découpage en éléments les plus petits possibles) est à bannir.

Outre l'intérêt didactique d'une telle présentation en dix éléments, je fais explicitement mention de l'importance de la seconde phase de globalisation tout en la reliant avec la culture du système (voir point 7).

Des souvenirs de transformation?

Chaque système possède en son sein une susceptibilité au changement, à la transformation. Le mot peut faire sourire, jaser, mais ne laisse pas indifférent. Le sens qu'on peut donner à cette perception est à associer avec l'histoire du système. Les expériences de ce dernier dans des contextes de changement, de transformation, ont connoté positivement ou non les choses. Sur ce plan, les souvenirs exprimés par les plus anciens peuvent être éclairants.

L'information (point 1)

Est-il besoin de rappeler que l'on associe souvent, et à juste titre, l'information au pouvoir. La bonne information étant celle que l'on détient et que l'autre ne connaît pas, mais qui me donne un avantage stratégique sur ce dernier[2]. La remarque ici formulée tente de ne pas édulcorer les effets que risquent de produire les NTIC. Si dans ces commentaires nous sommes assez pessimistes, c'est aussi afin de contrebalancer un engouement qui nous paraissait un peu dangereux.

Cela dit, à la relecture, je pense que les jeux de pouvoir, s'ils existent autour des informations circulantes, continueront sans doute à se faire mais d'une autre façon. Quant à la transparence tant visée, elle ne sera

---

1. Le vieux conflit entre approche systémique et approche cartésienne n'est plus de mise. Joël de Rosnay lui-même s'est exprimé sur la complémentarité des modèles.
2. Voir notion d'imprévisibilité de Michel Crozier.

pas nécessairement atteinte grâce à cette « mailomanie »[1] qui engendrera plutôt le brouillard que la clarté.

L'ancrage culturel (point 7)

Ce concept est assez bien décrit dans ce paragraphe. Il s'agit de s'appuyer sur les valeurs présentes et non de les balayer d'un trait. L'adhésion à un processus qui introduit de nouvelles pratiques reposant sur de nouvelles valeurs ne peut se réaliser qu'en passant par la reconnaissance du système en tant que tel.

Certes, imposer de nouvelles valeurs est une bonne façon d'engager le « combat ». Sachant cela, on peut légitimement se poser la question de la stratégie. En effet, certains partisans de la « lutte » sont plus à l'aise avec une approche conflictualisante. Ce n'est pas ma tasse de thé.

---

1. Ce néologisme, pour signifier avec humour non seulement la trop grande utilisation par certains de cet outil (le courrier électronique) mais aussi les travers d'une utilisation que je qualifierais de plus perverse (on transfère des mails confidentiels sans en avertir l'émetteur, on fait des copies de partie de mail…), donnant lieu à des jeux pas très corrects à mon sens… Ne l'oublions pas, les écrits restent !

RÉFLEXION THÉORIQUE À PROPOS DU COACHING INTERNE

Date : 09/1999
Mots clés : anticipation – extériorité – internalité – créativité

Contexte général

Il s'agit d'une note de travail adressée à un ami, responsable des ressources humaines, avec lequel j'ai eu l'occasion d'évoquer ma façon de considérer le processus d'intervention des coachs présents au sein d'une organisation.

Caractéristiques de l'intervention

Il s'agit plutôt d'une réflexion que d'une offre à proprement parler. Ce document ne débouchera pas sur une intervention. En revanche, il confortera, s'il était besoin, une solide relation d'amitié avec un professionnel habitant dans mon voisinage.

Extraits des notes

Contexte général – réflexions théoriques sur le coaching interne :

« *Considérations générales*

Le coaching interne constitue une ressource prépondérante pour le développement cohérent des projets de transformation initiés au sein des organisations. Cette nouvelle pratique en matière de management des hommes permet une approche à la fois intégrée et créative de la gestion de ces processus complexes.

✦ Intégrée, car l'appartenance du coach à la même culture d'entreprise favorise une pratique de conseil qui prend en considération les valeurs culturelles, et particulièrement l'exercice de la loyauté à celles-ci.

✦ Créative, car la position décalée occupée par le coach garantit cette capacité créative propre à toute position extérieure.

Grâce à cette double qualité, la pratique de coaching interne s'avère être un moyen particulièrement économique dans les processus d'accompagnement de responsables de projets, au sein des systèmes organisationnels. D'autre part, elle s'avère extrêmement utile dans l'anticipation des résistances, phénomène naturel bien connu dans les processus de transformation.

Au-delà des vertus de cette nouvelle pratique d'intervention dans les organisations, il s'agit d'une relation d'aide internalisée complexe qu'il importe de gérer efficacement afin d'éviter tout risque de dérive. En outre, force est de constater que, fréquemment, les personnels ayant en charge cette fonction de coaching occupent également d'autres responsabilités hiérarchiques. Cette réalité contextuelle pouvant provoquer une sorte d'engluement de la pratique de coaching par la gestion du quotidien devenue prioritaire. Il en résulte un sentiment d'inconfort fréquemment lié à une certaine perplexité.

Un espace spécifique réservé à la réflexion sur les pratiques de coaching représente un moyen pour le coach de reconquérir cette extériorité créative nécessaire à sa fonction. »

Analyse critique actuelle

Cette note explicite la place singulière qui peut être occupée par une personne appartenant à l'organisation et dont la fonction est d'aider des membres de cette organisation. La description qui en est faite met bien l'accent sur les aspects positifs de la fonction et sur l'ambiguïté qui résulte du fait qu'à la fois l'on est dedans et que l'on constitue néanmoins une ressource[1].

La réflexion qui est faite suggère de façon opportune la difficulté de la position.

Compléments théoriques

Extériorité = créativité ?

Certes, on ne peut nier le fait que ceux qui sont dehors possèdent une « qualité » utilisée dans la fonction d'intervenant externe. Une difficulté réside souvent dans ce que la créativité qui résulte de cette position externe est difficilement gérable. En d'autres mots, « l'intervenant externe a vite compris » et ensuite est facilement capable de mettre au point des interventions dites créatives[2].

L'intérêt de cette note est qu'elle suggère que l'équation en question n'est pas immuable. Il s'agit en effet d'introduire l'idée que les

---

1. Rappelons-nous que nous avons essentiellement évoqué la fonction de créativité, donc de ressource, pour tout intervenant n'appartenant pas au système, lequel possède cette extériorité dite créative.

2. Cette créativité est bien entendu très relative, elle dépend notamment du contexte. Telle intervention créative dans un système sera considérée comme une banalité sans nom dans un autre !

personnes ressources en interne (les consultants internes, les responsables de projet internes) sont autant d'intervenants susceptibles de faire preuve de créativité. Ceci dans des limites tolérables pour le système.

Assez logiquement, on peut penser que cette créativité sera bridée par le système et que, dès lors, les efforts de ces agents internes seront contenus dans certaines limites. D'où l'idée d'un espace de réflexion, sorte de lieu de supervision géré par un intervenant externe.

Coach interne et anticipation

La pratique de coaching ne se limite pas à l'organisation d'un accompagnement, d'une aide ponctuelle, il s'agit également d'un processus dynamique qui, au-delà de la production d'une aide proprement dite, permet de révéler des modes de fonctionnement, des règles, mais aussi des valeurs partagées ou non par l'ensemble du système. La valeur solidarité vient évidemment à l'esprit comme étant une de celles qui peut soutenir la mise en place d'un dispositif de coaching interne.

Les observations du coach doivent être l'occasion de faire des hypothèses de fonctionnement à propos de situations professionnelles à venir et dont on pourrait anticiper les effets. Le coach en tant qu'agent interne est dans une position privilégiée pour éclairer les décideurs, notamment en s'appuyant sur les valeurs culturelles fortes, opérantes au sein du système.

NOTE SUR LA RELATION
DU CONSULTANT
ET LA RELATION DE CONFIANCE

Date : 02/1998
Mots clés : informations officieuses – confiance – compétences

Contexte général

Cette note fait suite à une réunion interne entre intervenants. Elle n'a[1] aucune vocation de diffusion. Son seul objectif est de formaliser l'état d'une réflexion sur mon travail.

Caractéristiques de l'intervention

Il s'agit d'une intervention réalisée spontanément au sein de la société de conseil.

Extraits de la note

« 1. J'observe dans la plupart des interventions qu'il existe une dimension de la relation commerciale qui ne fait pas l'objet d'une formalisation contractuelle. En effet, les consultants qui décrochent un contrat l'obtiennent non pas tant sur la base de reconnaissance de compétences en termes de savoir-faire que sur celle, surtout, d'une qualité de relation de savoir-être, difficilement objectivable.

2. Le contrat écrit ne fait donc jamais allusion au fait que « le client a confiance dans la personne du consultant ». Et pourtant, quoi de plus logique ! Un patron ne va pas confier (le mot est important) l'avenir de son entreprise à n'importe qui ! (…) »

Analyse critique actuelle

Une explication peut-être un peu nébuleuse, mais qui introduit opportunément la dimension de la relation confiance (voir précédemment) dans le travail de conseil.

---

1. Il faudra dorénavant dire « n'avait », vu la parution de ce livre.

Compléments théoriques

Les compétences achetées (point 1)

Les propos tenus au point 1 sont un peu trop tranchés. Les consultants sont « achetés » parce qu'ils possèdent des compétences reconnues et des expériences valorisées dans des domaines similaires à ceux dans lequel le client évolue. Il n'est donc pas correct de tout ramener à une qualité de l'ordre du savoir-être.

Cette partie de la note a cependant le mérite d'introduire, de façon certes impulsive, la dimension de la relation interpersonnelle dans un business qui, officiellement, fonctionne dans une logique de consommation de prestations intellectuelles.

La confiance (point 2)

La remarque faite concernant le contrat et la non-explicitation d'une relation de confiance dans celui-ci souligne le fait que ces éléments d'ordre relationnel n'y trouvent pas leur place. Cela ne rimerait à rien.

Dire maintenant que le patron confie son entreprise au consultant est aller vite en besogne. Il ne s'agit pas de donner un blanc-seing à l'intervenant, mais plutôt de considérer que le patron opère un contrôle vigilant et permanent sur cet intervenant venant de l'extérieur.

TROIS NOTES DE TRAVAIL INTERNE SUITE À DES RÉUNIONS AVEC DES CONSULTANTS

Date: 12/1994
Mots clés: gestion du processus – « folie » – coaching de consultant

Contexte général

Ces productions écrites sous forme de mots clés font suite à des réunions de travail que j'anime en interne. Au terme de celles-ci et avant la réunion suivante, je produis une note (dont une partie est dans ce cas-ci une liste de mots clés) qui est transmise aux participants avant la réunion suivante. Ainsi, un certain nombre d'idées sont formalisées et le lien se fait plus facilement.

Caractéristiques de l'intervention

Cette intervention se réalise en tant que consultant de consultant. Elle s'est mise en place à partir de la réflexion que m'a faite un consultant avec lequel je travaillais: « Mais les clients sont fous! » De là, j'ai proposé qu'on prenne le temps de travailler cette perception. Trois réunions ont eu lieu et ont rapidement débouché sur des considérations liées à la place de l'intervenant dans le processus.

Extraits des notes

« *Liste de mots clés:*

1.

♦ *Place dans laquelle "il" nous met lors du premier contact.*

♦ *À la place du Calife.*

♦ *Comme si on était les seuls à vouloir maintenir la relation!*

♦ *On a des attentes énormes par rapport au projet.*

♦ *Intervenant "caméléon" ou demi-teinte.*

♦ *Relire les notes des premiers contacts.*

◆ *Comportement "fou" : Que voulez-vous que j'en fasse ? Pourquoi me dites-vous tout ça ?*

2.

◆ *Parfois, le consultant doit "pousser, secouer…" les collaborateurs.*

◆ *Le pouvoir: "On prend le pouvoir, non, on nous le laisse prendre…"*

◆ *La relation de coaching peut évoluer vers une relation de type psychothérapie.*

◆ *La complicité qui existe entre le patron et l'intervenant dénote une alliance explicite. Celle-ci est parfois perçue comme une coalition contre les collaborateurs.*

◆ *Le tutoiement: panacée pour le consultant ?*

◆ *Importance de qui prend l'initiative du tutoiement.*

3.

◆ *Le contexte historique permet d'expliquer les comportements.*

◆ *La reconnaissance du travail du consultant: rare mais existe chez les clients.*

◆ *Nous sommes passés d'une logique d'offre à une logique de demande.*

◆ *Arriver à ce que notre communication des premiers contacts confirme notre positionnement. Notion de cohérence.*

◆ *Reconnaître la compétence des gens qu'on critique = risque de perdre l'intervention ?*

◆ *Quid des risques de chronification de la relation lors d'une intervention de longue durée ?*

◆ *Comment prendre d'emblée en considération les collaborateurs du patron ? »*

Analyse critique actuelle

C'est moins le contenu à proprement parler que l'expérience réalisée dans cette position prise en tant que méta consultant (consultant des consultants) qui est intéressante ici. On constate que les prémisses de la réflexion sur la gestion des processus d'intervention se font jour.

Compléments théoriques

Méta consultant

Le travail de consultant est difficile, il demande des compétences dans la gestion de la complexité de l'intervention que ce livre, en toute modestie, vise à augmenter.

L'appel à un superviseur, qui occupe ainsi la place de méta consultant, n'est pas, selon mon expérience, coutumière chez ces professionnels. J'avance ici des hypothèses qui pourraient justifier cet état de choses:

➤ **Le facteur temps.** « Le temps c'est de l'argent. » Les prestataires de services intellectuels sont dans une logique de vente de leur temps qui les rend très frileux quant à la possibilité de prendre de ce temps pour eux. Ajoutant à cela le fait qu'ils payent ce service d'aide les rend d'autant plus réticents.

➤ **Le confort.** Le travail qui se réalise, s'il est lucratif, s'accompagne souvent de conditions de vie très dures (voyages, temps de repos, gestion des espaces vie privée/vie professionnelle difficile, gestion du stress, timing serré etc.), qui sont acceptées, voire recherchées, car captivantes et excitantes. Dans une telle dynamique, la notion de confort est quasi de l'ordre du changement paradigmatique.

➤ **La compétence.** Rappelons-nous que qui dit « bon consultant » dit « consultant compétent »[1]. C'est presque un synonyme dans l'esprit de ces professionnels. Il est possible qu'il en résulte un sentiment de puissance qui ne peut composer avec l'idée d'une demande d'aide. C'est quasi antinomique. L'aide apportée est perçue comme un aveu d'incompétence, qui n'est pas tolérable par tous.

Une aide du même type. Ce qui est encore plus troublant, c'est que ce consultant puisse faire appel à un autre consultant, lequel va travailler avec lui en tant que client. Il s'agit en effet d'une aide qui s'inscrit dans une relation quasi identique à celle qu'il entretient avec son client (imaginons un consultant en difficulté dans le coaching de son client et qui demande l'avis d'un méta consultant pour en parler... donc je coache le coach).

De l'humilité. Introduire le regard de l'autre sur sa pratique, c'est se donner le droit de prendre ce recul tant nécessaire dans ce métier. Cela s'avère possible non seulement parce que l'intervenant reconnaît chez l'autre (superviseur, coach, méta consultant, conseiller...) les compétences nécessaires, mais aussi et peut-être surtout qu'il sait que ce dernier est capable d'occuper cette fonction dans une relation complémentaire qui ne mettra pas en péril l'image de son client (de son pair). Cette qualité d'attitude fait partie de l'offre.

Les clients sont fous!

On comprend rapidement que cette remarque n'a rien d'insultant. Elle témoigne selon nous du fait qu'un intervenant est dépassé, ne

---

1. Loin de nous l'idée de remettre en question le fait que les consultants (et, plus largement, les intervenants externes) sont compétents. Je pense d'ailleurs que ce sont les clients qui dans une large mesure sont capables, en toute subjectivité, de qualifier le niveau de cette compétence, laquelle n'a de valeur qu'à l'aune de leur demande et du système auquel ils appartiennent. Quant aux pairs des intervenants, ils constituent, nous le pensons, une ressource qui, utilisée avec tact, peut notamment garantir une prise de recul et éviter les pièges de la toute-puissance.

comprend pas, les réactions du client avec lequel il travaille. Cette façon de taxer le client de fou est sans doute d'abord une façon pour l'intervenant de se rassurer. Car, en qualifiant l'autre de fou, il continue à se donner l'impression de dominer, maîtriser, comprendre la situation. Cette ultime explication de la folie, justifiant la relative impuissance de l'intervenant (qui ne perd pas de sa superbe) en disant en substance: « Ce n'est pas que je ne comprenne pas! Il n'y a rien à comprendre puisqu'il est fou. »

Mais, si l'on va plus loin (ce que je tente de faire en suggérant la question du « pourquoi me dites-vous cela? »), on replace les comportements, les propos, les attitudes de ce client dans la relation de travail et on cherche à lui donner un sens. Le sens à rechercher n'étant pas selon moi relatif au contenu des propos ou au type d'attitude adoptée, mais au fait que le client les montre, les expose à l'intervenant.

Une question éclairante selon moi pour approcher ces phénomènes est celle-ci: Pourquoi se donne-t-il ainsi en spectacle devant moi?

Ce recadrage permet une série d'hypothèses non exhaustives:

➤ Parce qu'il a confiance en moi.

➤ Parce qu'il veut me voir réagir.

➤ Parce qu'il souhaite que je lui dise que je n'adhère pas à ses valeurs.

➤ Pour me provoquer.

➤ Car il est sous tension et demande maladroitement de l'aide.

➤ Car il veut montrer que son pouvoir n'a pas de limites, etc.

Aucune n'est valable mais elles ont toutes le mérite de replacer le comportement dans la relation à l'intervenant. Cela donne une autre piste de compréhension, moins disqualifiante et plus constructive pour la suite de la relation de travail.

MÉTHODOLOGIE D'ANIMATION DE PANELS DE MEMBRES DU PERSONNEL

Date : 12/2001
Mots clés : volontariat et conséquences – auto-évaluation – changement/non-changement

Contexte général

Nous sommes au cœur d'un processus global d'évaluation du personnel.

Caractéristiques de l'intervention

Nous proposons d'associer le personnel à la construction du support à l'évaluation (questionnaire). J'anime deux panels afin de recueillir des éléments pour cette construction.

Extraits de la note

Cette note est produite à l'attention d'un collaborateur (consultant junior). Elle détaille le mode d'animation que j'envisage.

« Introduction et cadrage par le DRH.

Présentation générale du processus et de la méthodologie.

Détermination des neuf thèmes (ex. : connaissance de la législation, capacité à gérer une équipe…).

Demande faite au groupe de nous aider à formuler des questions "auto-évaluatives" autour des neuf thèmes déterminés.

Donner des exemples de questions auto-évaluatives ("comment estimez-vous votre capacité à parler en public, êtes-vous en mesure de répondre aux questions qui vous sont posées… ?")

Procédures

✦ Chaque panel (groupe) sera soumis au même exercice.

✦ *Il s'agira d'un travail en duo (deux voisins de table travaillent ensemble – si nombre impair, prendre un trio).*

✦ *Production individuelle puis échange entre eux à deux pour validation et communication au grand groupe, et, partant, au consultant.*

Principes

✦ *Nous notons toutes les propositions qui sont faites et globalement acceptées par le groupe.*

✦ *Ce n'est pas le lieu pour des débats.*

✦ *L'exercice doit nous aider à formuler des questions pertinentes.*

✦ *Le questionnaire final sera réalisé en s'inspirant directement de la synthèse des productions de panels.*

Au niveau du processus global

✦ *Cet exercice est important pour estimer les résistances éventuelles au processus.*

✦ *Nous montrons concrètement notre souci de communiquer avec eux (lors des interviews). Nous leur demandons de nous conseiller.*

✦ *Nous renforçons le caractère participatif de la démarche.*

✦ *Nous rencontrons directement les agents qui parleront de nous à leurs pairs.*

✦ *Si le temps et l'ambiance générale le permettent, nous leur demanderons leur sentiment général sur cet exercice de panels.*

✦ *Les remercier. »*

Analyse critique actuelle

Bien sûr, cette présentation de l'animation n'est pas figée. Néanmoins, force est de constater que cette réunion, centrée sur une production d'informations les plus pertinentes possibles, doit être quelque peu dirigée. Cela étant, les acteurs doivent être dans de bonnes dispositions pour y participer utilement. Le rôle du DRH, au début de ces réunions, est essentiel pour cadrer l'intervention dans un ensemble et lui donner l'importance nécessaire.

Nul autre que le référent organisationnel (si ce n'est le décideur, dans certains cas) n'est en mesure de faire ce travail d'introduction. La façon selon laquelle ce préambule va se passer, le ton, l'implication, les réactions, la clarté dans la formulation du projet, la façon de présenter l'intervenant... sont autant d'informations essentielles pour appréhender le contexte d'intervention.

D'autres informations peuvent également émerger de cette présentation, une fois le référent organisationnel parti. L'intervenant peut ainsi être à même d'observer des attitudes de discrédit explicites ou l'expression d'une satisfaction générale et d'un plaisir à s'engager dans une réunion de travail dont les membres du personnel perçoivent mieux les enjeux.

Compléments théoriques

Le volontariat

La constitution de ces groupes pose souvent question. Comment désigne-t-on ces personnes qui vont participer aux panels? Fréquemment, le client demande au consultant ce qu'il en pense. La tendance générale est plutôt de laisser au client la responsabilité de ce choix. Dans certains contextes, ce seront les « bons élèves »; dans d'autres, le choix se fera au hasard ou le syndicat sera consulté ou le consultant devra faire une proposition, etc. Pour le dernier cas, la méthode qui apparaît la moins susceptible de prêter le flanc à la critique[1] est celle qui se base sur des critères objectifs.

Par exemple :

➤ Respect du quota hommes/femmes (sur la base de la proportion existante dans le système).

➤ Idem pour le quota linguistique.

➤ Proportion égale de personnel engagé (depuis moins d'un an, de un à trois ans, de plus de trois ans).

➤ Respect des proportions entre statutaires et salariés, etc.

Cette façon de faire n'est pas la panacée, parce qu'il se peut, d'abord, que le client ne l'accepte pas, mais aussi parce qu'elle met l'intervenant devant des sous-systèmes de l'organisation (ces panels) dont la probabilité est grande qu'ils soient à juste titre des représentants du système global.

Ma remarque peut paraître paradoxale car on devrait se féliciter de cette représentativité (statistique) susceptible d'être riche d'enseignements (c'est en effet une opportunité d'ajuster l'intervention en tenant compte de la globalité du système). Néanmoins, d'après mon expérience, ce cas de figure n'est pas très fréquent car les responsables du projet (promoteur et/ou décideur) préfèrent souvent juguler d'éventuels effets négatifs en choisissant les membres de ces panels.

---

1. Cette remarque s'inscrit dans une perspective où les panels ne se dérouleraient pas bien. Dans cette éventualité, il s'agit d'éliminer des critères de choix sur lesquels l'intervenant pourrait être taxé de favoritisme, de partialité.

L'alliance aux agents de changement

Sur la base de la remarque qui précède, il semble utile de parler de cette façon quasi naturelle qu'ont les systèmes humains, soucieux de parer à certaines difficultés, d'installer une alliance[1] explicite avec l'intervenant externe. Ce dernier se vit alors comme travaillant pour les membres du système qui sont « pour le changement ». Si je reprends ce terme de « changement », c'est pour rester dans le ton du demandeur; en effet, en rencontrant l'intervenant externe, le client emploie souvent ce mot magique.

Mais, on l'a dit, tout système est dans un perpétuel état de tension entre la tendance au changement et la tendance homéostatique (non-changement). Dès lors, l'intervenant est devant un système partagé en deux sous-systèmes: d'un côté, ceux qui sont pour et, de l'autre, ceux qui sont contre. Cette vision manichéenne ne doit pas faire croire à l'intervenant qu'il est bel et bien du bon côté de la barrière. La seule chose dont il soit certain, c'est qu'il est du côté du client. En effet, il doit garder à l'esprit que s'il avait été engagé par « les autres », il aurait entendu un message similaire et aurait donc eu la même impression de se trouver du « bon côté ». Dès lors, quelle que soit sa porte d'entrée, l'intervenant sera très logiquement en contact avec les alliés du projet (les « promoteurs » du changement).

En ce qui concerne la constitution des groupes et suivant cette même logique, les acteurs choisis par le client seront souvent, de façon assez homogène, acquis à la démarche.

Le bon côté de la barrière?

L'intervenant entre en alliance avec une partie du système. Comme on vient de le dire, il est du côté du client. Est-ce le bon côté? Tenter de répondre à cette question est une perte de temps dans la mesure où il n'y ni bon ni mauvais côté.

Si des questions doivent se poser, elles sont relatives à la façon dont l'intervenant accepte ou non d'entrer dans un jeu où il a l'impression de « perdre – ou non – son âme ». Par cette expression, je veux dire que c'est l'intervenant et lui seul qui est en mesure de se positionner personnellement en fonction de ses propres valeurs, de ses convictions, des ses intérêts, de ses croyances, etc. Ce point est évidemment extrêmement important car il laisse entendre que tout le monde n'est pas compétent partout.

Afin de rendre plus évidente cette notion, il suffit de penser à des interventions réalisées dans le domaine psychosocial et qui amènent l'intervenant à travailler avec des parents maltraitants, des toxicomanes, des délinquants sexuels ou encore des détenus, etc. Tel

---

1. Cette alliance peut rapidement virer à la coalition, soit une alliance contre, si l'intervenant n'y prend pas garde. Loin de moi l'idée de refuser de participer à une coalition, il s'agit plutôt ici d'attirer l'attention sur le fait d'être conscient qu'on y participe...

intervenant sera capable de travailler avec les uns mais pas avec les autres. De la même façon, les interventions réalisées pour des organisations dont on ne partage pas le projet d'entreprise, les pratiques de management des hommes, les modes de financement, les valeurs politiques peuvent perturber grandement l'équilibre de l'intervenant qui risque de ne plus être loyal envers ses propres valeurs.

Que faire des adversaires ?

Cette question est tout à fait dans la logique manichéenne où la plupart des systèmes ont tendance à inscrire l'intervenant. Par rapport à cette réalité (qui n'est pas nécessairement une généralité, des systèmes développant des attitudes relativement moins tranchées que d'autres par rapport au sous-système qui n'adhère pas au projet), deux questions me viennent à l'esprit :

➤ Le client est-il en mesure de modifier son point de vue par rapport à ceux qui ne sont pas favorables au projet ?

➤ L'intervenant est-il entendu s'il se risque à donner un autre point de vue sur la tendance adverse ?

Si oui, cela dénote une relative souplesse du système et donne une bonne indication sur les capacités de transformation du système. Mais l'intervenant se trouve parfois dans l'incapacité d'amener le client à cette autre perception. Le système peut ainsi être qualifié de rigide. Cette opposition rigidité/souplesse ne doit pas être une nouvelle manière de faire la même chose. En effet, si l'on tente d'échapper à la vision manichéenne (bon/mauvais), ce n'est pas pour tomber dans une autre opposition sémantique (souple/rigide).

Certes cela demande un effort à l'intervenant, mais qui vaut la peine, je pense, car il le rend ainsi disponible vis-à-vis de l'ensemble des acteurs. Pour ce faire, il suffit de se représenter le système comme animé par deux forces. Qui dit force, dit énergie, ressources, qu'il y a lieu de considérer comme potentiellement utilisables et ce, qu'elles soient pour ou contre le projet. La seule idée d'appréhender ces ex-adversaires comme des ressources potentielles peut éviter, dans le meilleur des cas, que l'intervenant ne s'inscrive dans une coalition pure et simple, qui génèrent souvent tensions et souffrances[1].

---

1. Le point de vue exprimé ici est évidemment très personnel. Si je privilégie cette attitude, c'est parce qu'elle me convient. D'autres intervenants, en fonction de leur sensibilité propre, en prendront d'autres. La remarque faite ici a donc comme unique prétention de fournir une analyse sur les conséquences liées à la place que l'intervenant occupe – ou faut-il dire qu'on lui donne à prendre ?

RÉPONSE À UNE DEMANDE DE DEUX COLLÈGUES CONSULTANTS

Date: 01/1998
Mots clés: intrusion – disqualification – cohérence – demande

Contexte général

Deux de mes collègues sont engagés dans une intervention au sein d'une institution. Au cours de leur travail, ils remarquent des jeux de pouvoir très complexes qui les rendent perplexes et inquiets. Une journée de réflexion est programmée avec un sous-système d'acteurs appartenant à cette institution. Ils me soumettent l'idée d'y participer.

Caractéristiques de l'intervention

Il s'agit d'une analyse écrite, qui a servi de base de discussion avec ces deux collègues qui souhaitaient mon intervention ponctuelle.

Extrait de la note

« Remarques, propositions, suggestions concernant ma participation

En théorie, ma présence est possible, même s'il est effectivement risqué d'introduire un élément étranger n'ayant aucune histoire avec eux et qu'ils n'ont pas réclamé (pas de demande de leur part). Il existe donc un certain danger qu'il faut peser.

Quelques arguments pour:

✦ Leur fournir, au terme de mon analyse et après discussion avec vous, un rapport sur les forces et les faiblesses du système.

✦ On peut en effet considérer que cet ensemble est un ensemble de personnes en interaction dynamique organisée en fonction d'un but (au fait, ce but est-il clairement formulé?).

✦ La compréhension du fonctionnement des systèmes ouverts est beaucoup plus facile lorsqu'elle est faite par un observateur extérieur, qui se pose

des questions "naïves", qui remarque des règles de fonctionnement par l'observation de redondances dans les échanges. Parmi ces règles systémiques, certaines sont explicites, d'autres implicites. Ces dernières agissent souvent avec plus de force que les premières et ce, parce qu'on ne les a pas mises en lumière. Par rapport à ce constat, il demeure la sempiternelle question de savoir s'il n'est pas dangereux de verbaliser, d'expliciter l'implicite au risque de déstabiliser l'équilibre du système.

◆ L'observateur spécialisé dans l'analyse des systèmes humains peut également identifier les valeurs partagées par le système et, par conséquent, celles qui ne sont pas partagées. Ce système possède une culture d'entreprise qui pourrait être approchée à l'occasion de cet exercice. Mais ne pouvez-vous pas récolter vous-même des informations qu'on traitera après ?...

Conclusion :

Au niveau de ma participation, je pense qu'il serait plus raisonnable de ne pas m'introduire dans cette dynamique, quitte à ce qu'on fasse une analyse a posteriori *à partir de vos observations.*

À titre indicatif je vous suggère quelques pistes :

◆ Notez ce qui vous a étonné.

◆ Notez ce à quoi vous vous attendiez.

◆ Notez en termes d'hypothèses la façon dont ils vous ont utilisé :

- À quoi avez-vous servi ?

- Qu'est-ce que vous avez permis ?

◆ Au terme de la journée, répondez sans vous concerter aux trois questions suivantes :

- Quel est leur but commun ?

- Quelle est la culture d'entreprise ?

- Sur quelles forces vous appuyer pour la suite du travail ? »

Analyse critique actuelle

Cette note peut paraître étonnante dans la mesure où elle donne une série d'arguments à ma participation mais se termine par la position contraire, ce qui est paradoxal. J'ai pourtant l'impression d'avoir ainsi répondu à leur demande, sans y répondre...

Je trouve par ailleurs que j'aurai dû mieux exploiter la richesse de leur co-intervention. En effet, celle-ci leur aurait permis de prendre des rôles différents et ce, en parfaite complémentarité.

Compléments théoriques

Un appel à l'aide?

Cette demande est-elle réellement un appel à l'aide ou faut-il y voir une demande de réassurance et de prise de recul, souvent nécessaire dans des interventions difficiles.

J'ai plutôt opté pour la seconde hypothèse, en partant du principe qu'ils sont tous deux en mesure de gérer le processus entrepris et que l'aide à apporter s'inscrit plus dans une réflexion méthodologique et dans des pistes de réflexions nouvelles que dans une intervention sur le terrain. Cela étant, je fonde ma position sur la conviction qu'ils possèdent les compétences nécessaires pour dépasser la situation.

Débarquer?

Les remarques qui sont faites justifient, à tort ou à raison, le fait que cet appel à un tiers (moi) soit dépourvu de sens pour le client. Partant de ce constat, je ne pouvais l'ignorer et débarquer[1] *ex abrupto*. Je connais beaucoup d'intervenants qui auraient accepté cette intrusion et je n'ai pas de peine à imaginer leur totale efficacité dans cette situation[2].

La question qui me préoccupe en fait réside dans la gestion de l'après. En effet, il m'importe de toujours m'interroger sur la façon dont je (ou les autres) vais pouvoir gérer les suites de l'intervention. Cette gestion des conséquences de ses actes m'aide souvent à essayer de prendre des décisions les plus profitables pour tous.

Exemples de questions spontanées (relatives à cette intervention) en ce sens:

➤ Quelle crédibilité auront les consultants après l'intervention d'un « expert » appelé à l'aide?

➤ Y a-t-il des risques de disqualification des intervenants de première ligne?

➤ Comment le client va-t-il vivre l'entrée d'un étranger supplémentaire dans ce système d'intervention[3]?

---

1. Ceci pour volontairement insister sur l'idée d'un débarquement.
2. Il n'est pas rare que je refuse d'intervenir. Cette non-intervention, que critiquent parfois certains de mes collègues, est une intervention, même s'il est vrai qu'elle n'est pas payée.
3. Notion de « système d'intervention ». Par-là il faut entendre le système humain avec lequel l'intervenant travaille, augmenté de la présence de ce dernier. Un sous-système (équipe de direction, équipe de travailleurs sociaux, classe d'étudiants, famille, etc.) plus un (ou plusieurs) intervenant constitue un système à part entière qui possède ses caractéristiques propres, différentes des caractéristiques du système dans lequel l'intervenant n'est pas présent.

➤ Peut-on donner un sens original à cette intrusion dans le processus entrepris ? Si oui, pourquoi pas.

➤ Quel sera mon positionnement au sein de la société de conseil après ?

➤ N'est-il pas illusoire d'imaginer qu'à trois on est plus fort qu'à deux ?

L'arbre des choix

LE SCHÉMA THÉORIQUE

Introduction

L'ensemble des informations contenues dans les pages précédentes donne, à juste titre, l'impression que les interventions auprès des systèmes sont compliquées. Elles nécessitent en effet de nombreuses précautions. Mais « pourquoi faire compliqué quand on peut faire simple », a-t-on coutume de dire ?

Sans tomber dans les travers d'une simplification abusive, je souhaite donner au lecteur un moyen lui permettant de se repérer dans une séquence d'actions qui se succèdent et s'enchevêtrent dès le début de l'intervention. Pour ce faire, j'ai opté pour une représentation graphique (voir ci-après) qui matérialise une succession de carrefours. Au lecteur de dessiner le trajet qui correspond au choix, à l'option du chemin emprunté le long de son intervention. Il peut ainsi procéder en deux phases :

➤ La première, appréhender la trajectoire, l'itinéraire.

➤ La seconde, analyser les éventuels points névralgiques, sensibles[1] (les nœuds), du processus.

Ainsi, le lecteur disposera d'un outil de travail grâce auquel il visualisera son parcours ce qui l'aidera à mieux s'y retrouver dans l'intervention qu'il projette de faire, qu'il réalise ou qu'il a réalisée (analyse *a posteriori*).

La métaphore de l'arbre

Cela reste sans doute, je le conçois, assez touffu. Avançons et entrons dans la métaphore suivant laquelle on imagine l'intervention comme un magnifique arbre feuillu. Lorsqu'on le regarde en plein été, le nombre et la taille des feuilles ne permettent pas de distinguer le tronc ou les branches. Or, comment comprendre le développement de cet arbre (de cette intervention) si on ne voit pas ses branches (qui portent les marques du temps, de l'histoire… de l'intervention)?

Il suffit d'élaguer.

Si les feuilles nous gênent pour y voir clair, retirons-les et regardons ces branches. Ainsi apparaissent les différents points de jonction et d'articulation, des carrefours très nombreux qui se situent à différents niveaux. Autant d'options, de choix possibles.

---

1. Il faut comprendre ici qu'il s'agit des endroits qui rendent particulièrement singulière, fragile, intéressante, piégeuse, risquée, riche, originale… l'intervention.

Les niveaux de l'intervention

Neuf niveaux

Ceux-ci se succèdent du premier au neuvième (des racines à la cime de l'arbre) :

➤ L'Histoire.

➤ Les logiques.

➤ L'appel à l'extérieur.

➤ La concurrence externe.

➤ La concurrence interne.

➤ La solution du client.

➤ L'interlocuteur.

➤ L'objet de l'intervention.

➤ Le but de l'intervention.

Brèves explications complémentaires

➤ L'histoire (**H**). Il s'agit des éléments que l'intervenant possède sur l'histoire du système humain.

➤ Les logiques d'offre (**LO**) ou de demande (**LD**) orientent, on le sait, différemment la suite du processus.

➤ L'appel à l'extérieur (**AE**). Il est nécessaire de s'interroger sur l'expérience en matière d'ouverture au regard de l'autre que possède le système. Trois options : première fois qu'il y a appel (**1x**), c'est rare (**R**), c'est fréquent (**Fr**).

➤ La concurrence externe (**CE**). L'intervenant est-il en concurrence avec un autre intervenant, oui (**O**) ou non (**N**) ?

➤ La concurrence[1] interne (**CI**) Y a-t-il au sein du système une ou des personnes possédant des compétences semblables à celles de l'intervenant, oui (O) ou non (N)?

➤ Solution. Quelle est la solution du client (**SC**)? L'intervenant y a-t-il accès, oui (O) ou non (N)? S'il y a accès, peut-il la modifier, oui (O) ou non (N)?

➤ Quel est l'interlocuteur rencontré (**Intl**)? Est-ce le décideur (**Dec**), l'objet de l'intervention (**OI**) ou le promoteur du projet (**Pro**)?

➤ Ce dernier (**Pro**), possède-t-il le pouvoir de décision (Dc), oui (Dc) ou non (nDc)?

➤ L'objet de l'intervention. Ces interlocuteurs sont-ils les objets d'intervention, oui (O) ou non (nO)?

➤ Sont-ils demandeurs[2], oui (D) ou non (nD)?

➤ Le(s) but(s) de l'intervention. La démarche qui va être initiée vise une **remédiation** car elle comble une lacune, une carence, un défaut, un symptôme du système. Ou bien elle s'inscrit dans une démarche, une intervention conçue comme un accompagnement qui permet le **progrès** du système humain.

---

1. La concurrence ici doit être comprise selon plusieurs acceptions: la concurrence synonyme de rivalité (le consultant externe spécialisé en « qualité » est appelé car le spécialiste qualité de l'organisation est incompétent), mais aussi l'incitation à une forme d'émulation entre les compétences externes et internes (un service communication fait appel à un spécialiste en communication externe pour améliorer son savoir-faire dans ce domaine), voire la prise en compte par l'intervenant de compétences qui existent globalement au sein du système.

2. Sont-ils ou non favorables (motivés) à l'intervention.

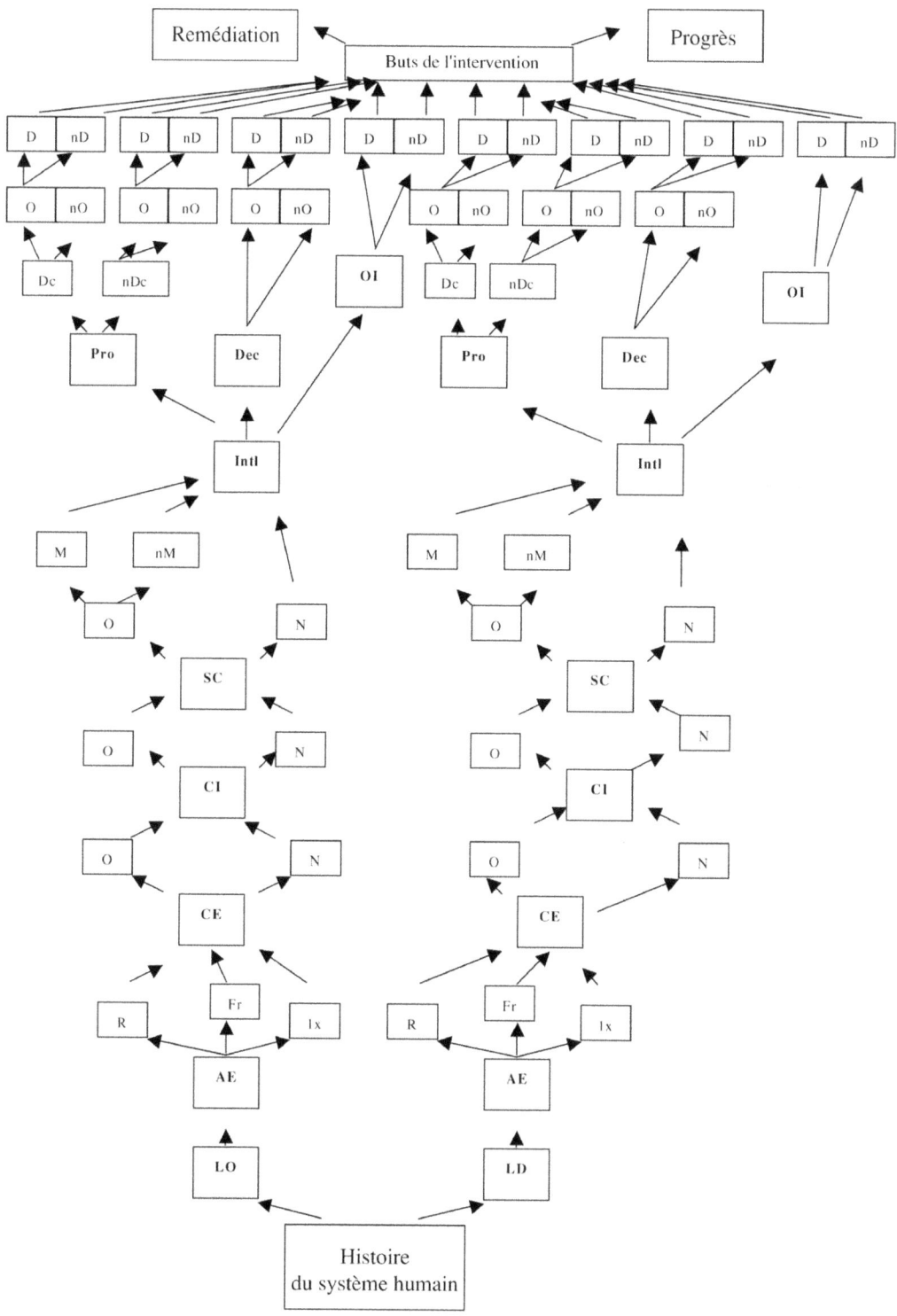

Remédiation

Progrès

Buts de l'intervention

Histoire
du système humain

Une représentation parmi d'autres

Les exemples qui suivent montrent au lecteur une utilisation de cet outil. Précisons d'entrée de jeu que la représentation de la trajectoire qui est réalisée n'a pas la prétention d'être exacte. Elle représente la perception, toute subjective, de la réalité de l'intervention telle que l'intervenant l'indique en fonction de son vécu.

Dès lors, s'il s'y risque, le lecteur pourra dessiner une trajectoire différente, en certains points, de celle qui est représentée dans ce livre. Naîtront ainsi des questions pertinentes et constructives, plus enclines à rendre compte des différentes facettes d'une même réalité que nous savons maintenant complexe.

LES APPLICATIONS

Premier exemple d'une logique d'offre[1]

> Ce bureau de conseil en organisation possède une excellente notoriété sur le plan de la gestion de la qualité. De nombreuses occasions sont données aux consultants de ce bureau de faire parler d'eux *via* des conférences et des écrits, et, dernièrement, grâce à un article de presse élogieux. À la lecture de celui-ci, ce DRH prend contact avec le bureau en question.

---

1. D'aucuns analyseront cet exemple comme étant celui d'une logique de demande puisque c'est le client qui fait la démarche. D'autres trouveront qu'il s'agit d'une logique d'offre (option prise ici), dans la mesure où les efforts importants réalisés par ces spécialistes en qualité précèdent la rencontre. D'autres encore pourront dire qu'il s'agit d'une logique d'offre tellement bien ciblée qu'elle a rencontré opportunément une demande latente et l'a fait émerger. Et ainsi de suite… Il n'y a pas de bonne lecture. Celle qui importe est celle qui a du sens pour l'intervenant lui-même, et c'est lui, et lui seul, qui est en position d'exprimer sa perception quant à l'intrication offre/demande qui existe à ce moment-là. On pourrait dire que cette imprécision montre les limites de l'arbre des choix. On peut dire aussi qu'il montre combien ce support génère de questions, suscite une réflexion et garantit une vigilance intellectuelle… Question de *choix* !

Il demande à rencontrer un consultant afin de lui soumettre son projet qualité en matière de service à la patientèle. En effet, dans l'hôpital où il travaille, il désire mettre en place un système qualité. Lors de la rencontre, le bureau de conseil explique sa méthodologie de travail, et notamment l'importance accordée à l'analyse de la demande. Pour le client, les choses sont claires. S'il veut faire bouger les médecins chefs de service, il doit avoir l'aide de spécialistes qualité externes. Il raconte qu'un conflit larvé existe entre le pouvoir médical et les gestionnaires et qu'il faut une fois pour toutes en finir. En proposant une démarche qualité qui concerne la patientèle, les médecins seront obligés d'y participer et donc de revoir leur façon de travailler « chacun pour soi ».

Le consultant demande depuis combien de temps ce projet est dans l'air. Le DRH lui répond qu'un de ses jeunes cadres, diplômé en gestion, engagé depuis six mois et féru de qualité totale, a fait un « petit audit » et proposé il y a un mois cette démarche novatrice. Le DRH lui dit qu'il n'est pas souhaitable qu'il mène ce projet seul, bien que ce dernier le propose, car il risquerait de se heurter à des résistances au changement trop importantes. Ce jeune cadre n'est pas au courant de ce rendez-vous, car le DRH ne souhaitait pas le froisser... Il lui en parlera sur la base de la proposition qu'il attend du consultant.

Lorsque le consultant s'interroge sur la force des syndicats et sur les moyens d'associer rapidement le conseil des médecins à ce projet, il lui est répondu que c'est le DG qui a tous les pouvoirs. Celui-ci (médecin de profession) possède un réel charisme et est rarement remis en cause dans ses options stratégiques. À propos de celles-ci, le DRH ne dit rien de précis et élude la question de la priorité actuelle de la DG en ce qui concerne la qualité du service à la patientèle.

Lorsque l'intervenant évoque la question du nombre de plaintes reçues de la part des patients l'année passée, le DRH rosit et explique que son service est pour l'instant en pleine étude statistique à ce propos mais qu'effectivement, on redoute un procès intenté par une famille... En fin de rencontre, le DRH insiste pour que la proposition qui sera faite soit claire et rassurante pour le DG. Ce dernier est en général contre l'intervention de consultants externes. Il demeure au sein de l'institution le souvenir cuisant d'un audit réalisé il y plus de 15 ans...

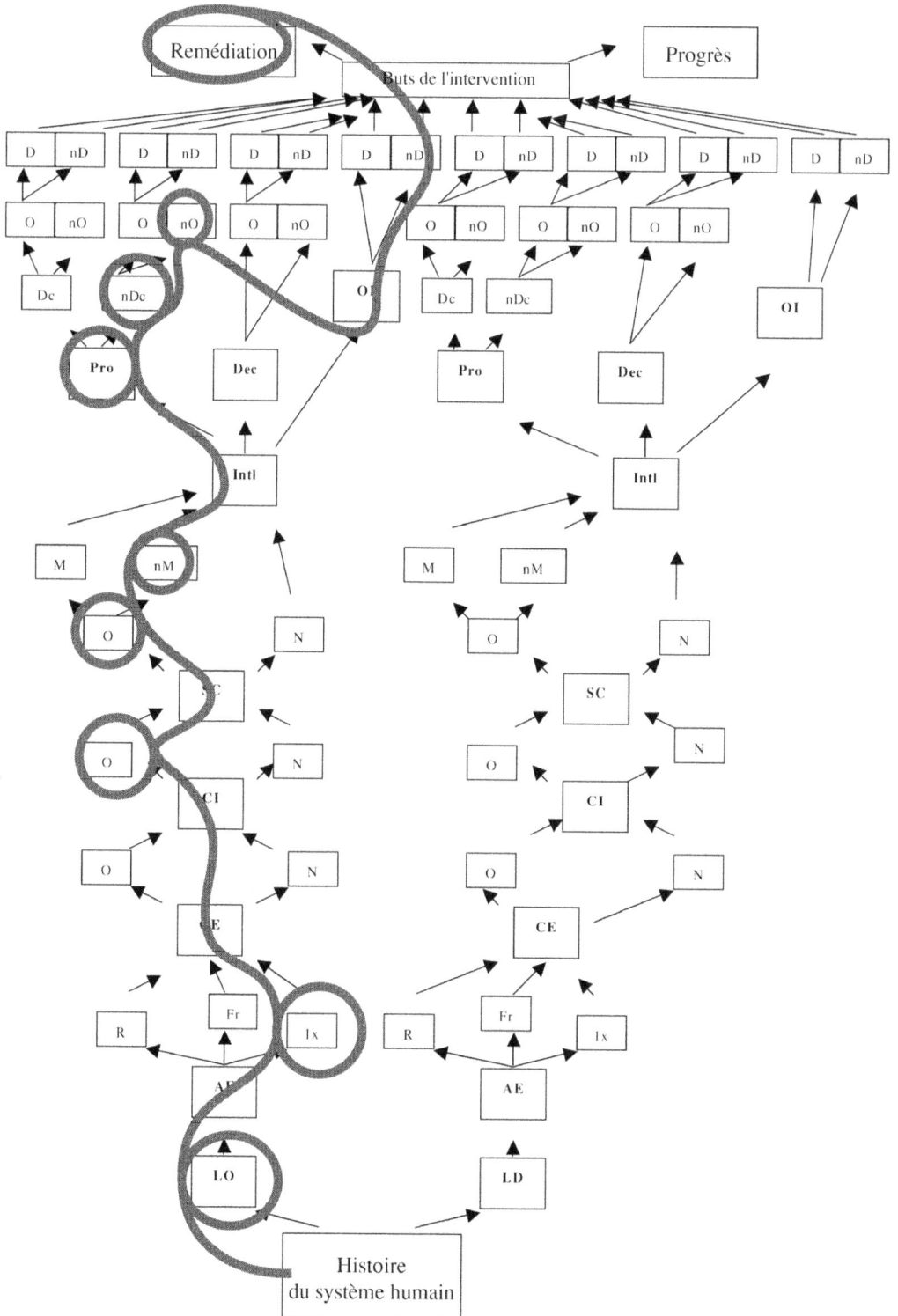

Deuxième exemple d'une logique d'offre

Monsieur X est directeur d'une institution pour adultes infirmes moteurs cérébraux. Par ailleurs, il est administrateur d'une autre institution qui prend en charge des adultes handicapés mentaux sévères. Lors d'un conseil d'administration, l'administrateur délégué a invité une personne à faire un exposé sur un nouveau logiciel de gestion. Il a pris cette liberté car cet outil l'a séduit intellectuellement et il voudrait en faire bénéficier les autres administrateurs.

Le consultant spécialiste en informatique entre rapidement dans le vif du sujet, il argumente de façon brillante et concrète les avantages de ce logiciel et sa spécificité pour prendre en compte les problèmes habituellement rencontrés au sein d'institution du type de celle de Monsieur X.

Il ajoute que l'investissement dans le logiciel et la courte formation nécessaire à sa manipulation est un investissement rapidement amorti. Au bout d'une heure, il répond à toutes les questions qui lui sont posées puis se retire discrètement, non sans avoir laissé ses coordonnées et un bref descriptif de son produit aux administrateurs.

Monsieur X n'est pas un féru d'informatique. Il sait qu'il va devoir investir dans l'achat d'un nouveau matériel informatique prochainement et se dit que ce logiciel pourrait lui être utile. Il pense d'autre part que si sa secrétaire et le comptable, qui sont ses « bras droits », se formaient à cet outil, cela pourrait être rentable. De plus, sur le plan humain, cela leur donnerait à chacun accès au même outil et ainsi ils arrêteraient de s'imaginer que l'un a plus de pouvoir que l'autre.

Contacté par téléphone dans les jours qui suivent, le consultant se rend très rapidement chez Monsieur X, qui préfère en effet l'inviter chez lui car la simple rencontre du directeur avec un étranger risque de provoquer de nouvelles rumeurs dans le système institutionnel. Il expliquera à l'intervenant que l'institution est quasi centenaire et qu'elle est comme une « vieille fille craintive ».

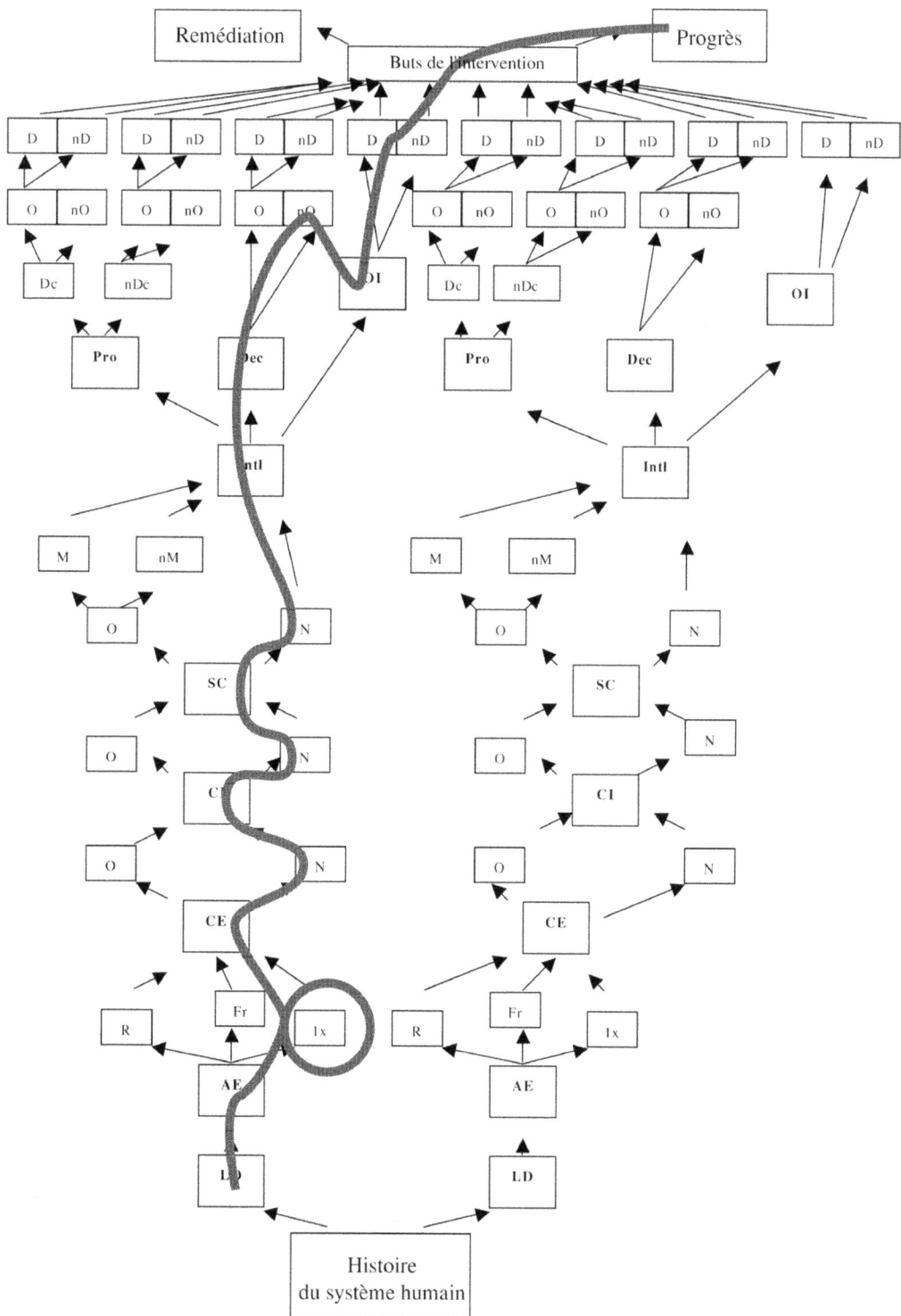

Premier exemple d'une logique de demande

Ce responsable pédagogique anime régulièrement les réunions des équipes de l'institution dans laquelle il travaille depuis de nombreuses années. Il s'y efforce de faire en sorte que la méthodologie de travail utilisée dans les différentes entités d'hébergement démontre à l'extérieur un égal souci dans l'analyse des demandes et dans la gestion des suivis d'enfants. Pour ce faire, il a déjà proposé à des éducateurs de chacune des entités de suivre les mêmes formations. Le résultat obtenu a été très positif. Les équipes travaillent dans le même esprit et le positionnement de l'institution sur le « marché » est très bon. Une longue liste d'attente (demandes d'hébergement) en est la preuve.

Son projet actuel est de mettre au point un système d'évaluation des suivis des enfants. Il sait en effet, qu'à terme, les pouvoirs publics qui ont en charge l'aide à la jeunesse demanderont des éléments quantitatifs précis pour justifier l'utilisation des subsides.

Procédant de la même façon, il suggère que des membres de chaque équipe soient volontaires pour participer à une formation à des outils nouveaux en matière d'évaluation du travail social. Étonnement: il se trouve devant une totale incompréhension. Les éducateurs se disent non préoccupés par cette dimension, certains expriment qu'ils sont vexés par cette démarche. Le responsable pédagogique met la question de l'évaluation à l'ordre du jour du conseil pédagogique. Lors de cette réunion, ouverte à toutes les équipes, il note une beaucoup plus importante participation des éducateurs. Sont notamment présent les deux représentants syndicaux.

D'emblée, la réunion démarre sur ce point (alors que d'autres points sont à l'ordre du jour) et il se sent mis sur la sellette lorsqu'il parle de ce projet de formation à l'évaluation. Les éducateurs, relayés par les représentants syndicaux, disent qu'ils refusent. Ils demandent à quoi cela va servir et ne veulent pas donner des arguments de licenciement au directeur de l'institution ou au ministre subsidiant. Bref, c'est le tollé. Le responsable pédagogique hausse le ton, mais rien n'y fait. On le menace de grève si... Il bat pavillon et dit qu'il va en référer

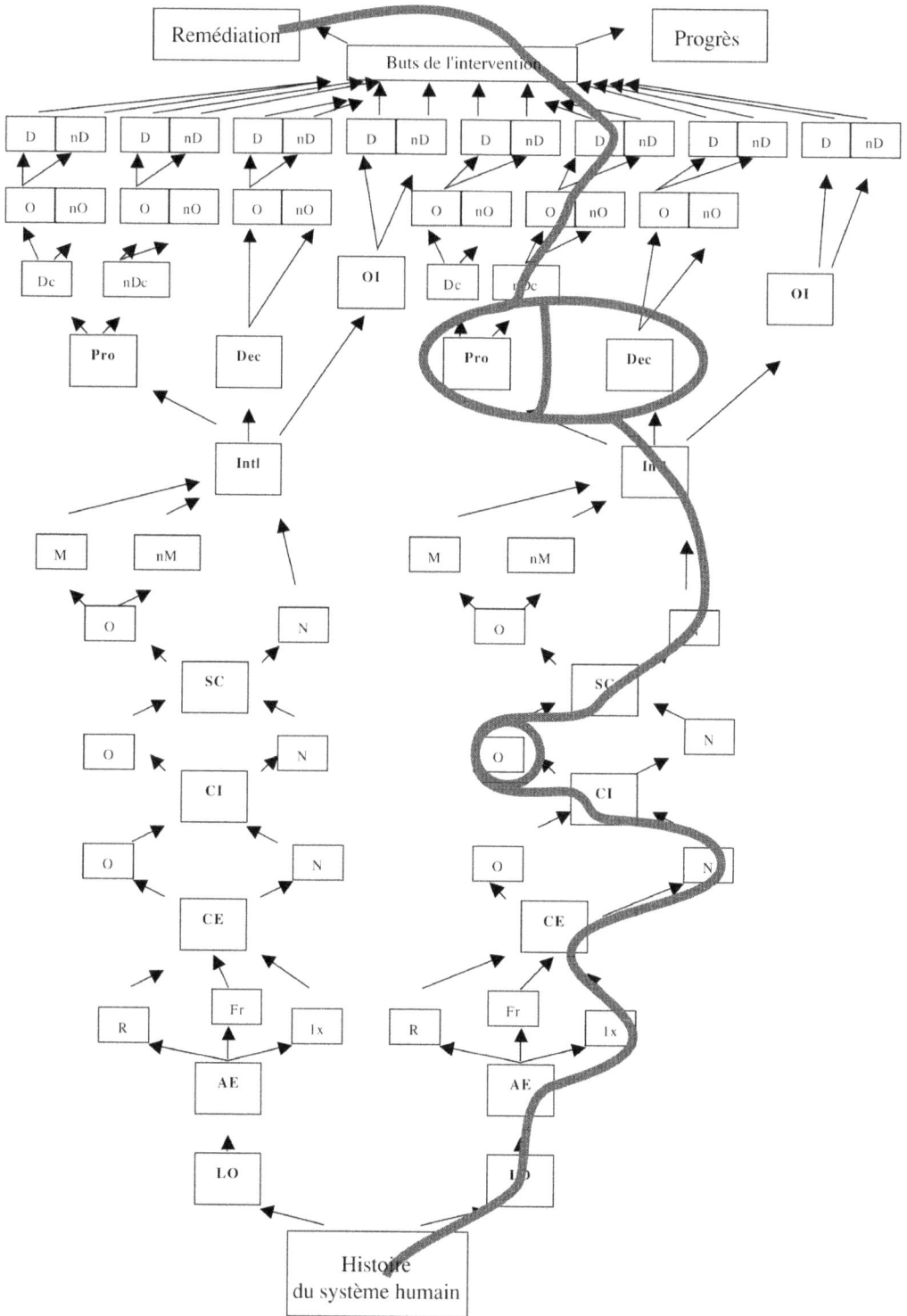

Remédiation

Progrès

Buts de l'intervention

au directeur afin que celui-ci tranche la question. La réunion se termine dans un climat délétère.

Dans les heures qui suivent, le responsable pédagogique demande à rencontrer le directeur. Ce dernier exprime son soutien au projet du responsable pédagogique mais se demande si, exceptionnellement, une aide extérieure ne serait pas utile pour « déminer le terrain ». Pour ce faire, le directeur demande à son collaborateur de contacter un organisme de formation (à l'évaluation) afin de leur demander une aide pour dépasser ces résistances au changement. Les personnes contactées préconisent un directeur d'institution, consultant à ses heures, qui pourrait intervenir dans ce contexte. Très rapidement, le directeur donne son accord pour cette solution et un rendez-vous est pris lors duquel l'intervenant rencontre le directeur et le responsable pédagogique. Cette rencontre se déroule dix jours après le conseil pédagogique, alors que les responsables syndicaux ont fait parvenir au conseil d'administration un courrier (avec copie à la direction) dans lequel ils sollicitent l'intervention de l'administrateur délégué pour « remettre l'église au milieu du village ».

Lors du rendez-vous avec le consultant, tout est mis sur la table. À la question « qu'attendez-vous de moi », les deux responsables restent sans voix. Ils demandent une proposition de solution mais ne désirent pas perdre la face devant un personnel qui fait des menaces. Le consultant propose un soutien (type coaching) au responsable pédagogique afin de l'aider à gérer cette crise. Celui-ci se dit demandeur. Le consultant informe qu'il adressera copie de sa proposition au conseil d'administration et qu'il se tient à leur disposition pour de plus amples informations.

Deuxième exemple d'une logique de demande

Ce nouveau directeur du personnel fait téléphoner sa secrétaire afin de pouvoir rencontrer ce formateur (monsieur R). Ce dernier travaille au sein d'un petit groupe de professionnels de la formation. Le formateur étant à l'étranger, c'est un collaborateur de M. R qui se propose de réaliser le contact avec le client. Il communique donc des dates à la secrétaire qui les transmet à son directeur. Ce dernier, se fâche et téléphone lui-même afin d'obtenir un rendez-vous avec M. R. C'est lui en effet qu'il souhaite rencontrer et personne d'autre car il sait que, l'année passée, il a réalisé une formation dont tous se félicitent encore. Lui, à ce moment-là, n'était pas encore engagé (il est en poste depuis six mois et remplace le précédent DRH récemment pensionné).

Ce rendez-vous se passe un mois plus tard et les deux hommes se retrouvent lors d'un déjeuner que le directeur a organisé dans un restaurant externe à l'entreprise. Lorsque le formateur lui demande quel type de formation il souhaite mettre en place, le directeur dit qu'il ne s'agirait pas à proprement parler d'une formation, quoique… En fait, il souhaiterait que par le biais d'une formation (peu importe le thème après tout, il laisse le formateur trouver), il pourrait connaître l'avis du formateur sur le fonctionnement de l'équipe qu'il faudrait former. Ce groupe de huit personnes occupe une place stratégique dans l'entreprise. Il s'agit de la cellule informatique (créée il y a 15 ans par le précédant directeur) qui « joue un jeu pas correct », selon lui, en faisant à certains moments planer des menaces sur la direction. Bref, ils ont trop de pouvoir et on ne sait pas de qui se défaire dans ce groupe pour que celui-ci continue à travailler convenablement une fois le meneur évincé. Le directeur explique au formateur qu'il ne peut formuler une telle demande qu'à lui, vu la confiance qu'il lui accorde ; de plus, les membres du personnel ayant également confiance en lui, ils ne se douteront de rien…

Cette demande laisse perplexe le formateur et il en fait part au directeur qui ne comprend pas pourquoi (il avait l'habitude de pratiquer ainsi dans l'entreprise d'où il vient). L'intervenant pose des questions sur les tentatives de solution qui ont été faites pour résoudre cette difficulté de management et il lui est répondu qu'ils ont tout essayé... Demandant des précisions sur qui, comment et quand on a essayé quelque chose, le formateur note une réelle irritation de la part du client qui ne comprend pas où il veut en venir. Pour ce dernier, les choses sont simples, et il faut agir en finesse et rapidement, sinon ça va tourner mal.

Le formateur demande à réfléchir et dit qu'il est possible que sa proposition n'aille pas dans le même sens que la solution préconisée par le client. Il évoque son malaise à travailler pour un objectif non transparent comme celui-là et ce, d'autant plus qu'en effet il semble jouir d'une bonne presse au sein de ce personnel. Quant à l'objet de la formation, il envisage assez mal qu'elle ne corresponde pas à un besoin clairement exprimé par la direction générale. Évoquant cette dernière, le formateur demande si une réunion ne pourrait pas se tenir avec elle pour voir comment sortir de cette difficulté. À cet instant, le client prend un ton ferme, laissant poindre une certaine émotion ; il dit ne pas avoir besoin de l'assentiment de la direction générale pour commander des formateurs externes et disposer d'un budget, d'autant que c'est sous son entière responsabilité que cette intervention se passerait. Il ajoute qu'il souhaite la totale confidentialité concernant l'objet de ce contrat et qu'il est prêt à payer ce qu'il faudra...

Sentant comme un piège se refermer sur lui, le formateur quitte poliment le client et s'engage à lui rendre une offre dans la semaine.

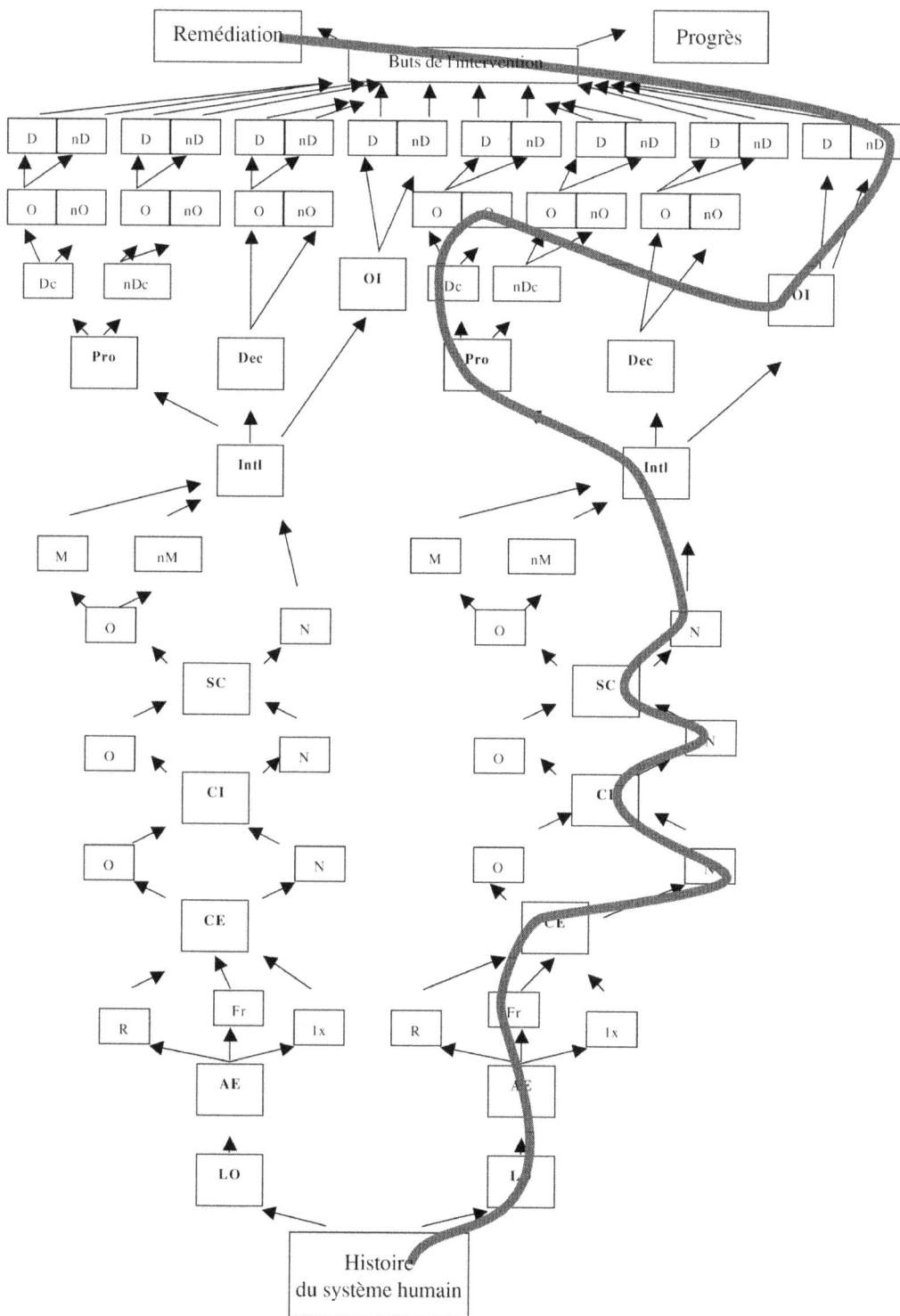

CONCLUSION

Pour « se mêler des affaires des autres » de façon respectueuse des équilibres et dans une optique d'accompagnement de l'évolution d'un système, il est selon moi recommandé d'agir avec circonspection. Une position d'écoute et de vigilance rend possible la mise en place d'actions profitables pour le système humain avec lequel on travaille. Sous forme de boutade, j'ai coutume de dire qu'il n'y a rien de plus facile que de faire du changement mais qu'il est beaucoup plus difficile d'en gérer les effets!

Les conséquences

Faire un travail d'intervenant, c'est s'engager dans des projets, des interventions, souvent passionnants où l'intervenant s'implique parfois beaucoup. Au-delà de cet engagement affectif (que chacun gérera avec ses ressources ou grâce à des aides extérieures), il s'agit d'assumer le plus complètement possible la responsabilité des actes que l'on pose. Cette façon de concevoir les actions met l'accent sur la dimension conséquentielle des interventions réalisées auprès de systèmes humains (qu'il s'agisse d'une famille, d'une équipe, d'un département, d'une organisation, etc.). Pour ce faire, un travail d'anticipation est nécessaire.

La prétention de ce livre est de réduire le caractère aléatoire des mécanismes d'anticipation des intervenants souhaitant adopter une attitude professionnelle responsable. En effet, dans une telle complexité, il m'importe de fournir des pistes, des chemins qui balisent, certes arbitrairement, un processus de travail, de telle sorte que l'intervenant ne soit pas (ou moins) soumis aux vents tumultueux qui soufflent au cours d'une intervention. Précisons, s'il est encore besoin, que le but n'est pas que l'intervenant puisse prouver que sa position est la meilleure et qu'il détient la vérité.

> Le but est que l'intervenant puisse s'expliquer sur ses choix en s'appuyant sur une méthodologie claire, transparente et ouverte au débat critique.

On le sait, lorsqu'on aborde la complexité des relations humaines, on est confronté à l'imprévisibilité des comportements. Néanmoins et sans prétention de transformer en algorithmes cette complexité, j'ai souhaité mettre à disposition un premier outil très simple, « l'arbre des choix », qui aide l'intervenant, néophyte ou non, à décrypter son itinéraire, son parcours, au sein du système. Il peut ainsi identifier des nœuds éventuels et jeter un regard méta sur son intervention. J'attire l'attention sur ces carrefours compris comme des lieux à questionner ; ils représentent des moments clés qui méritent qu'on s'y attarde… pour mieux repartir.

C'est donc sans naïveté que j'ai pris le risque d'attirer l'attention de l'intervenant externe sur ces moments, ces options de l'intervention qui pourront l'aider à expliquer, à comprendre, à anticiper les suites possibles du processus.

Certes, certains de ces nœuds pourront être des nœuds gordiens. Il s'agira alors de faire appel à l'extérieur, que ce soit aux pairs ou à un conseil externe.

À titre personnel, ce livre est loin d'être une conclusion. Il m'a permis de transmettre la synthèse d'une partie de mes expériences professionnelles réalisées dans des milieux qui, il y près de 15 ans, ne se fréquentaient guère. D'une part, le monde des organisations et, de l'autre, celui du psychosocial. Mon arrivée dans le monde du conseil fut donc le résultat d'un parcours du combattant. Il s'agissait non seulement d'y entrer, mais aussi de s'y faire reconnaître sans menacer ceux qui s'y trouvaient déjà. Cette double gageure fut, je dois l'avouer, difficile à réaliser. De façon très laconique la progression fut celle-ci : d'abord un travail de supervision de consultant (méta consultant) puis de formateur et, enfin, de consultant intervenant sur le terrain avec mes pairs. Par ailleurs, dans le secteur psychosocial, je continuais mon travail clinique de thérapeute et de formateur en approche systémique. Ces parcours parallèles se rejoignent dans ce livre.

Maintenant le lecteur comprend mieux, je l'espère, comment se « mêler des affaires des autres ». J'ose espérer qu'il sera désormais plus à l'aise pour « se démêler dans les affaires des autres ».

BIBLIOGRAPHIE

AMADO G.-J. et GUITTET A.-J., *La Dynamique des communications dans les groupes*, Colin, Paris, 1975.

ANDOLFI M. et coll. *La Forteresse familiale*, Laffont, Paris, 1981.

ANDOLFI M., *La Thérapie avec la famille*, ESF, Paris, 1986.

ATTALI J., *Les Chemins de la sagesse*, Fayard, Paris, 1996.

AMBLARD H., ABRAMOVICI N.-B. et coll., *Management des ressources humaines*, Eyrolles, Paris, 1991.

AUSLOOS G., *La Compétence des familles*, Eres-Relations, Toulouse, 1995.

BATESON G., *Vers une écologie de l'esprit*, t. 1 et 2, Le Seuil, Paris, 1995.

BATESON G., *La Nature et la Pensée*, Le Seuil, Paris, 1984.

BELTRAN A., RUFFAT M., *Culture d'entreprise et histoire*, Éditions d'Organisation, Paris, 1991.

BENOIT J.-C., MALAREWICZ J.-A., BEAUJEAN J., COLAS Y., KANNAS S., *Dictionnaire clinique des thérapies familiales systémiques*, ESF, Paris, 1998.

BERNAD J., PAKER M., *Macroscopie de l'entreprise : systémique appliquée*, Éditions d'Organisation, Paris, 1980.

BERNARD C., *Introduction à l'étude de la médecine expérimentale*, Garnier Flammarion, Paris, 1966.

BERTANLANFFY L. (von), *Théorie générale des systèmes*, Dunod, Paris, 1973.

BONAMI M., DE HENIN B., BOQUÉ J.-M., LEGRAND J.-J., *Management des systèmes complexes*, De Boeck–Wesmael, Bruxelles, 1993.

BORDELEAU Y., *Méthodes d'analyse et d'intervention en milieu organisationnel*, Éditions Nouvelles, Montréal, 1997.

BOSZORMENYI-NAGY I., FRAMO J.-L., *Psychothérapies familiales aspects théoriques et pratiques*, PUF, 1 Paris, 1980.

BOTTIN C., *Diagnostic et changement. L'intervention des consultants en organisation*, Éditions d'Organisation, Paris, 1991.

BRANBANDERE L. (de), *Le Latéroscope*, La Renaissance du livre, Bruxelles, 1989.

CAPLOW T., *Deux contre un. Les coalitions dans les triades*, ESF, Paris, 1984.

CLAUSSE A., *Initiation aux sciences de l'éducation*, Georges Thone éditeur, Liège, 1967.

CLAUSSE A., *Philosophie et méthodologie d'un enseignement rénové*, Georges Thone éditeur, Liège, 1973.

COLLETTE A., *Introduction la psychologie dynamique*, Éditions de l'université de Bruxelles, 1990.

CRENER M., MONTEIL B., *Principes de management*, Les Presses de l'université du Québec, 1975.

CROZIER M., *L'Entreprise à l'écoute*, Seuil, Paris, 1994.

CROZIER M., FRIEDBERG E., *L'Acteur et le Système*, Le Seuil, Paris, 1999.

DAIGREMONT A., GUITTON C., RABEAU B., *Des entretiens collectifs aux thérapies familiales*, ESF, Paris, 1984.

DESCARTES R., *Discours de la méthode*, Le Livre de poche, Paris, 1973.

ELKAÏM M., *Si tu m'aimes, ne m'aime pas*, Le Seuil, Paris, 1989.

ELKAÏM M., KELLER M., NIZARD G., (dir.), *Lectures systémiques des organisations*, Cahier n° 14, Privat, 1988.

ETCHEGOYEN A., *Des libertés sous influence*, Le Seuil, Paris, 1997.

EVEQUOZ G., *Le Contexte scolaire et ses otages*, ESF, Paris, 1987.

HALL E.T., *Au-delà de la culture*, Le Seuil, Paris, 1979.

HAMPDEN TURNER C., *La Culture d'entreprise. Des cercles vertueux aux cercles vicieux*, Éditions d'Organisation, Paris, 1992.

HEIREMAN M., *Du côté de chez soi. La thérapie contextuelle d'Ivan Boszormenyi-Nagy*, ESF, Paris, 1989.

HUET G. et ROUSSET J., *Systèmes d'information*, Sirey, Paris 1980.

LANDSHEERE G. (de), *Évaluation continue et examens. Précis de docimologie*, Labor, Bruxelles, 1980.

LAYOLE G., *Dénouer les conflits professionnels*, Éditions d'Organisation, Paris, 1984.

LE BOTERF G., *L'Ingenierie et l'Évaluation de la formation*, Éditions d'Organisation, Paris, 1990.

LENHARDT V., *Les Responsables porteurs de sens*, Insep consulting. Paris, 2002.

LUSSATO B., *Introduction critique aux théories des organisations*, Dunod, Paris, 1992.

LORENZ K., *L'Agression, une histoire naturelle du mal*, Flammarion, Paris, 1991.

MEIGNANT A., *Manager la formation,* Éditions Liaisons, *Paris*, 2003.

MICHARD P. et SHAMS A., *L'Approche contextuelle*, Bernet-Danilo, Saint-Rambert-en-Buguey, 1998.

MINUCHIN S., *Familles en thérapie*, trad. T. Lebeau et M. du Ranquet, Erès, Haute-Garonne, 1972.

MIERMONT J., (dir.) *Dictionnaire des thérapies familiales*, Payot, Paris, 2001.

MUCCHIELLI R., *Introduction à la psychologie structurale*, Dessart, Bruxelles, 1972.

NIZET J. et HUYBRECHTS C., *Interventions systémiques dans les organisations ; intégrations des apports de Mintzberg et de Palo Alto*, De Boeck Université, Bruxelles, 1998.

NIZET J. et PICHAULT F., *Comprendre les organisations : Mintzberg à l'épreuve des faits*, Gaëtan Morin éditeur, Paris, 1995.

MORIN E., *La Complexité humaine*, Flammarion, Paris, 1994.

ORGOGOZO I., *Les Paradoxes de la communication*, Éditions d'Organisation, Paris, 1988.

ORGOGOZO I., *Les Paradoxes de la qualité*, Éditions d'Organisation, Paris, 1987.

ORGOGOZO I., *Les Paradoxes du management*, Éditions d'Organisation, Paris, 1991.

ORGOGOZO I. et SERIEYX., *Changer le changement*, Le Seuil, Paris, 1989.

Orgogozo. I., *L'Entreprise communicante. Des châteaux forts aux cloisons mobiles*, Éditions d'Organisation, Paris, 1998.

PRIGOGINE I. et STENGERS I., *La Nouvelle Alliance*, Gallimard, Paris, 1979.

PROBST G. et ULRICH H., *Pensée globale et management*, Éditions d'Organisation, Paris, 1989.

REMOUCHAMPS P. et TILMAN F., *Créativité et innovation dans les entreprises et les organisations*, Vie Ouvrière, Bruxelles, 1991.

REMOUCHAMPS R., *Janar*, CEFAL, Liège, 2000.

REMOUCHAMPS R., *La Réunion: coût ou investissement?* CEFAL, Liège, 1997.

REMOUCHAMPS R., *Initiation à la psychologie sociale et aux relations de services*, CEFAL SUP, Liège, 2002.

RICHTER H.-E., *Psychanalyse de la famille*, Mercure de France, Paris, 1972.

ROGERS C.-R., *Le Développement de la personne*, Dunod, Paris, 1996.

ROEGIERS L., *Les Cigognes en crise*, De Boeck Université, Bruxelles, 1994.

ROSNAY J. (de), *Le Macroscope. Vers une vision globale*, coll. « Points », Le Seuil, Paris, 1977.

ROSNAY J. (de), *L'Aventure du vivant*, Le Seuil, Paris, 1991.

SAINT GEORGES P. (de), *La Loi du silence, feedback et métacommunication dans l'enseignement universitaire*, Thèse de doctorat, Institut des sciences politiques et sociales, UCL, Louvain-la-Neuve, 1980.

SALAMANCA AVILA L., *Piloter le changement dans les organisations. La métacommunication comme indicateur central du dispositif d'intervention*, Thèse de doctorat en sciences sociales, UCL, Louvain-la-Neuve, 2003.

SELVINI M., BOSCOLO L., CECCHIN G. et PRATA G., *Paradoxe et contre paradoxe*, ESF, Paris, 7ᵉ éd., 1992.

SELVINI M. et coll., *Le Magicien sans magie*, ESF, Paris, 1980.

SELVINI M. et coll. *Dans les coulisses de l'organisation*, ESF, Paris, 1984.

SERON, C et WITTEZAELE J.-J., *Aide ou contrôle. L'intervention thérapeutique sous contrainte*, coll. « Oxalis », De Boeck Université, Bruxelles, 1995.

SEYMERT F., *L'Évaluation systémique de la famille*, PUF, Paris, 1990.

VILLETTE M., *L'Homme qui croyait au management*, Le Seuil, Paris, 1988.

VRANCKEN D. et KUTY O., *La Sociologie et l'intervention. Enjeux et perspectives*, De Boeck Université, Bruxelles, 2001.

WATZLAWICK P, HELMICK-BEAVIN J., JACKSON D.D., *Une logique de la communication*, Le Seuil, Paris, 1979.

WATZLAWICK P., WEAKLAND J. et FISCH P., *Changements paradoxe et psychothérapie*, Le Seuil, Paris, 1975.

WATZLAWICK P. et WEAKLAND J., *Sur l'interaction*, Le Seuil, Paris, 2004.

WATZLAWICK P., *Le Langage du changement*, Le Seuil, Paris, 1986.

WATZLAWICK P., *La Réalité de la réalité*, Le Seuil, Paris, 1984.

WITTEZAELE J.-J, GARCIA T, *À la recherche de l'école de Palo Alto*, Le Seuil, Paris, 1992.

WINKIN Y., *La Nouvelle Communication. Paris*, Le Seuil, 2000.